一幅照片，一张风帆，一个故事；
一行文字，一页历史，一段记忆；
轻轻翻动它，满纸墨香散发着人文气息；
慢慢品味它，通篇影像定格了港城乡愁。

主　　编：高振碧
编　　委：（按文章先后顺序）
　　　　　高振碧　何丙仲　梁忠军　老　土　郭崇江
　　　　　郑俊明　龚　健　吴保罗　张忠勇　洪凯杰
　　　　　杨羽翔　蓝添艺　叶亚玲　紫　日　范世高

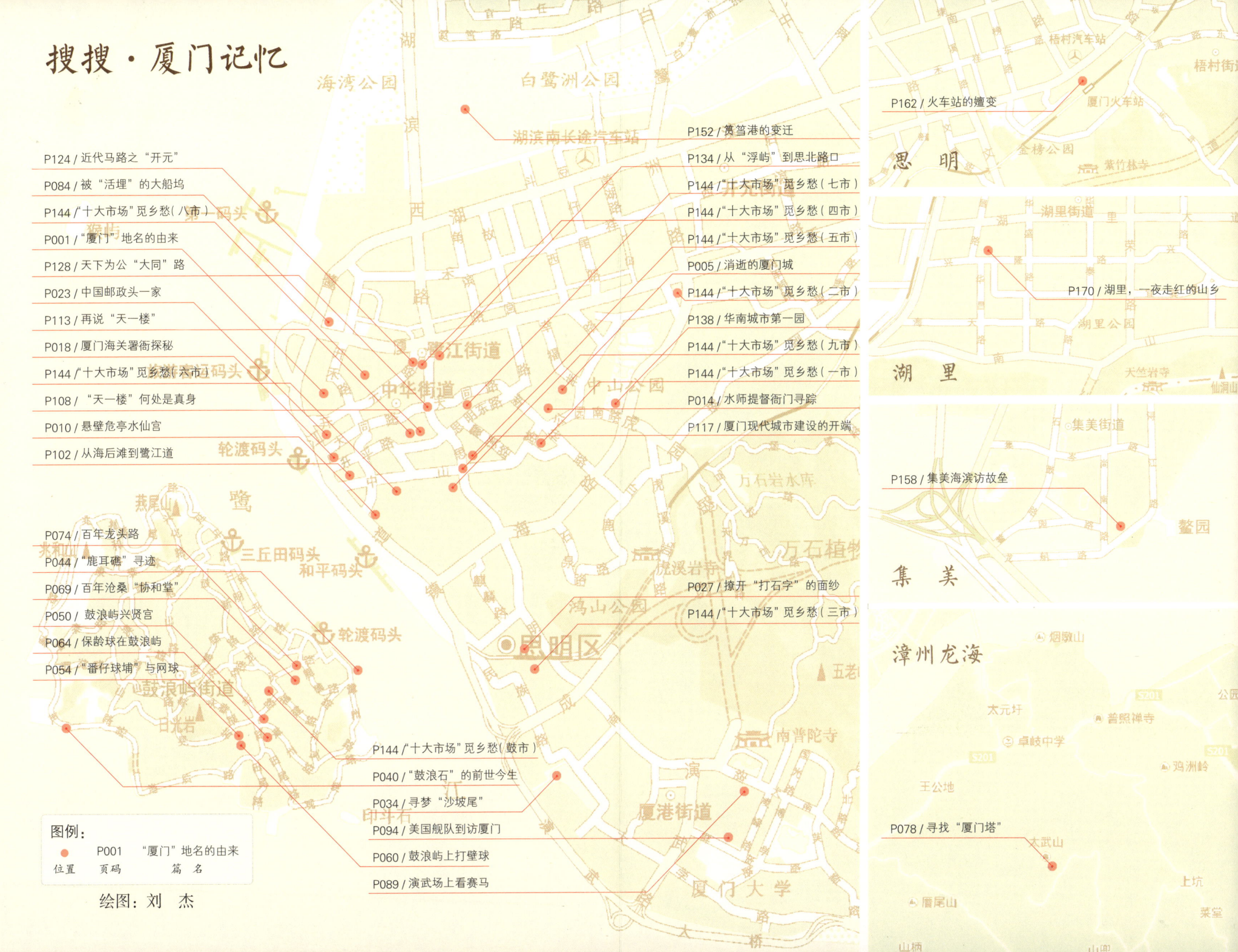

前 言

这是一本让你记得住乡愁的书，里面有一叠看得见的城市年轮，每页都是有图有真相的故事。

20世纪60年代，曾有一首《听妈妈讲那过去的事情》的歌，在大江南北传唱，让许多初涉世事的心灵，感知先辈记忆的沉重；20世纪80年代，曾有一首《乡愁》的诗，在海峡两岸传咏，让许多乡音未改的游子，爆开少小记忆的闸门；今天，步入小康生活的中国，响起"记得住乡愁"的声音，这是智者对人文记忆的呼唤。

记忆是一种财富，它是民族精神的积淀；

记忆是一部史诗，它是国家情感的流淌；

记忆是一艘风帆，它是城市文脉的舒展；

记忆是一盏清茶，它是黎民家事的浮现。

厦门，这座风水先得的岛城，因为开放包容而成为世界现代摄影术最先登陆中国的口岸之一。在利用文字记录历史的同时，多了一种影像定格历史的手段。一百多年来，不论是源自外国摄影家或是中国摄影师按动的快门，也不论是通过蛋白或是银盐显现的影像，都无不生动、准确、客观地捕捉到厦门原生态的地理景观、人文风貌。这些看得见影调的历史，带着海风磨砺的斑驳，裹着时间包浆的痕迹，是厦门地方史料宝藏中高品位的富矿。这些闪烁着人文光芒的历史影像，已经成为厦门地方志资源的重要组成部分。

有感于厦门饱受海洋文明的云蒸霞蔚，也有感于厦门坐拥历史影像的天然优势，厦门的收藏家和人文学者把收集、研究和利用历史影像当作留住城市文明履历的课题。厦门市历史影像研究会成立后的第一次社会亮相，即凭着大家对这座城市的满腔热忱，以志愿者公益行动的心态，汇涓涓细流于浩瀚江海，把收藏与研究的丰硕成果整合出"厦门记忆"大型系列历史影像专题展。

图文并茂是这个展览的一大特色。33个接地气的岛城故事，在190幅历史和现实影像中穿越时空，诉说厦门人文原点的百年变迁，和读者一起去触摸城市的记忆，感受看得见历史，"记得住乡愁"的深层意义。

习近平总书记提出要"把历史智慧告诉人们，以史鉴今、启迪后人"。

第五届中国地方志学术年会近日在厦门召开，来自全国各地见多识广的专家们通过"厦门记忆"这种展览形态，看到了中国地方志资源开发利用的创新，并得出"值得全国推广"的权威结论。而要延续"厦门记忆"展览的精彩，让更多的读者分享这一地方文化的盛宴，编辑成书无疑是最佳的选择。一个精彩纷呈的展览，演绎成一本珠玑满目的书，这就是鹭江出版社帮助我们呈献给你的《厦门记忆》！

Contents 目录

001 / "厦门"地名的由来 / 高振碧

"厦门"这地名是怎么来的？看看明代古地图、清末老照片以及接地气的社会调查，会得出你意想不到的答案。

005 / 消逝的厦门城 / 何丙仲

明初，一座石砌的城寨出现在嘉禾屿临海的山坡上，从此诞生了"厦门城"。它居高临下俯瞰着海湾和狭长的居民区，为什么却在民国年间倏然消失？

010 / 悬壁危亭水仙宫 / 梁忠军

烟波浩渺，水天一色。这是耕海贩洋的文化符号。明代迁界，唯此不废。到了民国没能逃脱强拆的厄运，所幸一幅清代老照片流传下来延续着故事。

014 / 水师提督衙门寻踪 / 梁忠军

这里曾是统辖闽台两岸水师的指挥中枢，这里曾是四十七任水师提督升堂议事的衙门。它今何在？一对石狮穿越时空仰天长吼，或有事要说。

018 / 厦门海关署衙探秘 / 老　土

康熙年间，福建海关，首开厦门。"五口通商"，常关、洋关同城并存。常关翘脊大厝旗杆高耸，洋关欧式洋楼钟声悠远，老照片首度揭示那个畸形的年代。

023 / 中国邮政头一家 / 梁忠军

你可知光绪二十二至二十三年（1896—1897），海后滩见证了国家邮政主权的回归？你可知道这里盖下了中国现代邮政第一枚日戳？现在的海后路58号，是个让人五味杂陈的地方。

027 / 撩开"打石字"的面纱 / 梁忠军

一系列古地图和老照片告诉你，这曾是船只进入厦门港的标志，也曾是厦门官员勤政廉政的碑记。壁立海滨的人文景观为何消失？逆着时光去追索。

034 / 寻梦"沙坡尾" / 郭崇江

玉沙坡，一个让老厦门人魂牵梦绕的地方。沙坡尾，一个让新厦门人蜂拥蚁聚的地方。久远的照片第一次还原爷爷船的故事，还有奶奶海的记忆。

040 / "鼓浪石"的前世今生 / 高振碧

有人为这堆石头的真伪争论不休，看看一百多年前的明信片和英文原注，还有专为美国舰队访问厦门编印的导游册，是不是有图有真相？

044 / "鹿耳礁"寻迹 / 高振碧

这是一处闻名海内外的自然景观，这是一处摄影家必拍的海滩风光，这还是鼓浪屿衍生出地名的地方，可大自然的恩赐有时也会瞬间变脸。

050 / 鼓浪屿兴贤宫 / 何丙仲

这是鼓浪屿的人文地标，是原住民的精神家园。这里散发着东方建筑文化、民俗文化、社区文化的魅力。它没有被那场"文化大革命"摧毁，却消失在文化缺失的人手里。

054 / "番仔球埔"与网球 / 高振碧

一座被误解了的"球埔"。七方清晰可辨的网球场，老照片和代领事的记录，揭示源自欧美的草地网球，传入中国首先在鼓浪屿。不信？！去问那个中国球童。

060 / 鼓浪屿上打壁球 / 郑俊明

原是英国犯人的囚室运动，"上升"为上流社会的嗜好。它随着商贸、外交人员的远行被带到中国。老照片中三面围墙不盖屋顶的奇葩建筑，鼓浪屿就曾有过。

064 / 保龄球在鼓浪屿 / 龚　健

19世纪中叶，溜圆的保龄球在鼓浪屿壁球场边的球道上悠闲地滚动。虽不见华人触及的记录，但老照片、领事著作和奖杯足以证明这项运动进入中国的时间。

069 / 百年沧桑"协和堂" / 吴保罗

两张百年老照片，勾起一群文化人的苦心追寻。郁约翰、仓库、太平间，看似不相干却又有关联。终于，鼓浪屿第一座教堂，抖落历史的尘埃。

074 / 百年龙头路 / 高振碧

上岛的小路因处龙头山脉而得名，又因与码头相连而兴盛。百年前简陋的商铺已经挂着洋文广告，当年外国水兵闲游的小街，时空似乎有意凝固。

078 / 寻找"厦门塔" / 张忠勇

塔，是一方文明的象征；塔，是一个港口的标记。一岛悬浮海中，厦为漳泉咽喉。如此显要的地方，塔在何方？能揭开这个历史谜团吗？

084 / 被"活埋"的大船坞 / 梁忠军

一个比马尾"福建船政局"还早了七年的"船坞",一个可比肩上海"江南造船厂"历史的"船坞"。这是中国第一代产业工人的诞生地,它的人文意义超出厦门。

089 / 演武场上看赛马 / 郑俊明

据牛津大学出版的《中国赛马》记载,洋人在中国赛马始于厦门。南普陀寺前的旷野原是郑成功水师的演武场,后来却成了洋人的赛马场,文武轮回的结果常会出人意料。

094 / 美国舰队到访厦门 / 洪凯杰

美国舰队浩浩荡荡造访被打败了的国家,远离京城的厦门港在东南一隅上演一场外交秀,看看舰炮逼迫下弱国身不由己的表情。

102 / 从海后滩到鹭江道 / 高振碧

海后滩,百年前就被誉为"厦门外滩"。1851年,英国人用枪炮的语言强行将它"租借",直到20世纪30年代这座城市的耻辱才算结束。鹭江道,是这座城市兴衰的体温表。

108 / "天一楼"何处是真身 / 杨羽翔

因为有著名的"天一"侨批局,才使"天一楼"充满神秘色彩。两张老地图,一座威灵殿;两位亲兄弟,一栋庆让堂。这"天一楼"到底指哪儿?

113 / 再说"天一楼" / 高振碧

"天一楼",到底指什么?吴庆让堂后人亮出乾隆四十三年(1778年)的"契尾"、民国二十一年(1932年)的"执照"以及新中国成立后由市长签发的"继承纸契",和你一起寻找答案。

117 / 厦门现代城市建设的开端 / 蓝添艺

你想象不到厦门街道曾经是"多么令人发呕",你也想象不到鲁迅到厦门大学需"雇船移入",你更想象不到市中心的"臭水塘"如何熏人。1920年,一场现代城市建设因此拉开了序幕。

124 / 近代马路之"开元" / 郭崇江

"开元",很容易让人联想到盛唐时期的年号。"开元",具有开启、创立、初始的明确指向。骑楼街之外,是什么让一条新马路拔得头筹抢"开元"先机?

III

128 / **天下为公"大同"路** / 高振碧

在海外发家致富的华侨，把钱汇到厦门推动城市建设，营造了闽南购物天堂。于是，南洋文化和闽南乡土文化融合在沿街的立面上，商业和艺术竟嫁接得如此巧妙。

134 / **从"浮屿"到思北路口** / 杨羽翔

你知道厦门曾有浮在海面的小岛吗？你听说过"浮屿角"这个带着动感的地名吗？不妨到BRT（快速公交系统）凌空而过的地方，去寻找"最厦门"的故事。

138 / **华南城市第一园** / 叶亚玲

一座被冠以"中山"英名的公园，一片在中国曾独领风骚的绿色空间，一尊雄冠全球仰天长吼的"醒狮球"，编织出现代都市的梦想。

144 / **"十大市场"觅乡愁** / 高振碧

菜市场不光成就舌尖上的梦想，还会勾起游子的乡思。菜市场是市民情怀最接地气的地方，它的深处有父母飘拂的身影，那也是家的延伸！

152 / **筼筜港的变迁** / 张忠勇

一幅老地图，两张老照片，展示了筼筜港这一深入城市深处巨大水体的原生态面貌。港与湖一字之差，它让厦门这座岛城丢失了什么，得到了什么？！

158 / **集美海滨访故垒** / 高振碧

陈嘉庚的名字和郑成功的营寨联系在一起，"延平故垒"和汉族精神勾兑在一起，石寨和苍榕依偎在一起。昔日荒滩不见，日寇炮火湮散，如今书声笑语一片。

162 / **火车站的嬗变** / 高振碧、紫　日

从三等客货综合站，跃升为客运一等站，昔日海防前线的边陲小站，用42年的拼搏实现了胸怀已久的梦想。我们这座城市的公共客厅，你的人生驿站。

170 / **湖里，一夜走红的山乡** / 范世高

1980年5月16日，中央决定在厦门试办经济特区。竹坑、湖里这最具乡土气息的地名上了媒体的头条，数百年来默默无闻的滨海山村，一夜之间走红。

176 / **后记**

■ 明万历三十年（1602年），《泉州海防图说》中的《中左千户所城图》（张忠勇 提供）

"厦门"地名的由来

□ 文 / 高振碧

"厦门"地名出现得很晚。这大概与它在地理上孤悬海中，历史上长期属同安管辖有关。自从晋太康三年（282年）置同安县，五代后唐长兴四年（933年）同安属泉州以来，厦门就是地方三级政府治理下的一座默默无闻的岛屿。

唐朝开元至天宝年间，有大陆的陈、薛两大姓氏汉人先后渡海入岛"发川为田，垦原为园"，繁衍生息。陈氏族人居住在这座岛的南边，薛氏族人居住在岛的北边，清道光《厦门志》溯望历史，感叹"厦门人物，以南陈北薛为最古"。

1100年前，先民们把这座岛上得以安身立命的村落起了个顺口好记的名字叫"新城"。这从1973年泉州发现的唐大中年间（847—860）的墓志铭和2004年厦门出土的唐代陈元通夫妇墓的墓志铭中能得到清晰的印证。"新城"无疑是一座天然粮仓，这里气候宜人，土地肥沃，稻禾一茎多穗，于是"嘉禾"作为这座岛屿的名称，伴着半耕半渔的悠然景象延续了数百年。

　　元朝至元十六年（1279年），中央政府第一次在嘉禾屿设置军事机构，"嘉禾千户所"便成了这座岛屿新的官方地名，下设四个都。明代朝廷，面对海上民间贸易和倭寇袭扰边疆，推行"片板不得下海"的"海禁"政策，嘉禾屿内外海域成了重点设防的地方。明朝洪武二十年（1387年），江夏侯周德兴经略福建，为沿海戍兵防御倭寇，"城厦门，移（泉州）永宁卫中、左二所兵戍守，为中左所"（见清道光《厦门志》卷二《沿革》）。这就是海防史上有名的"中左守御千户所"。这段简约的文字透露出一个很容易被忽略的信息，"城厦门"说明在"中左所"之前，嘉禾屿就有"厦门"的地名存在。

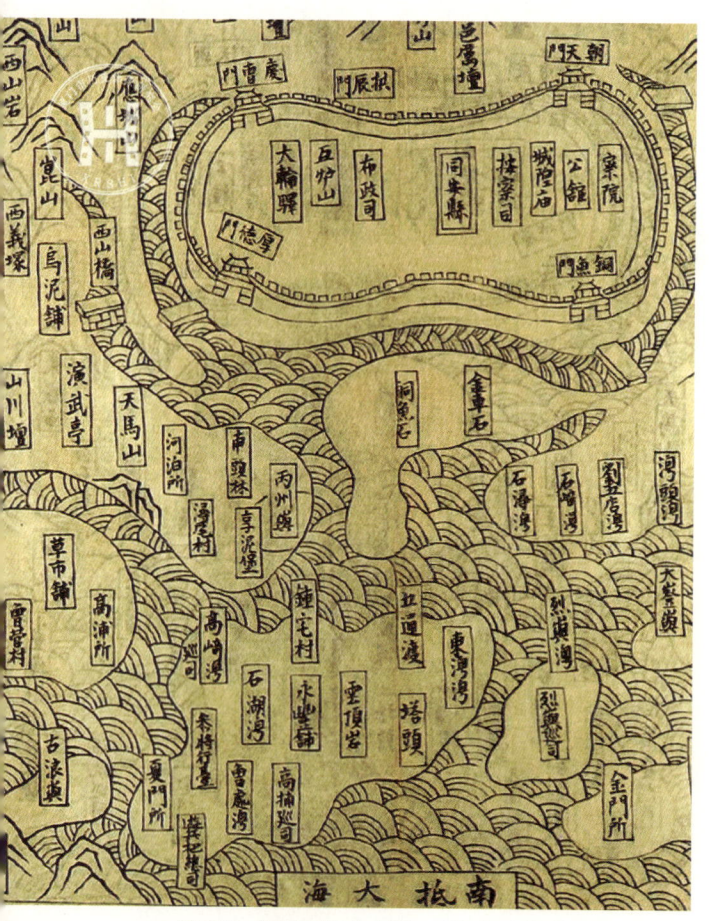

■ 明万历《同安县图》局部　（张忠勇 提供）

■ 海门与下门（厦门）地理位置图 （高振碧 提供）

  嘉禾屿地处九龙江入海口"海门"岛的下方，是漳、泉两地的门户，民间按地理方位称此地为"下门"。明万历《泉州府志》卷十一记载："同安县寨十有四……西南曰夏门"，说明"下门"也曾写作"夏门"，后来才雅化成"厦门"，沿用至今。清乾隆三十一年（1766年）纂修的《鹭江志》，指厦门（时别称"鹭岛"）"四面环海，为漳泉之咽喉，台澎之门户，诚海疆要地也"。主编薛起凤在《总论》中写道："鹭岛者，泉南海岛也，以其为泉之门户，故曰'门'也。"按上北下南的通俗说法，泉州之南，即为下方的门户。

厦门地名的演化都以闽南话"下"的发音"e"作为依据，才会出现厦门的"厦"字，在汉语普通话中和"下"字同读"xia"，而不读大厦的"厦"（sha），成为地名孤字。此中，绝无"祖国大厦"的含义。

江夏侯周德兴为了提升驻岛军事机构统一指挥功能，进一步强化对海上来犯之敌的威慑力量，选择在俯瞰港湾的高坡上建筑石头城池。明洪武二十七年（1394年），作为军事设施的"所城"竣工，"周四百二十五丈，高连女墙一丈九尺"（约1417米×6米，见清道光《厦门志·城寨》）。城堡就取名"厦门城"。历史日晷的时针指向公元1394年，"厦门"第一次以官方确认的地名载入史册。但此时"厦门"只是山坡上的那一小圈子军事城堡，"中左所"代表的才是方圆五十里的全岛。

■ 1870年前后，远眺厦门城及九龙江入海口（局部）（约翰·汤姆森 摄影）

消逝的厦门城

□ 文 / 何丙仲

明初为巩固海防,在东南沿海设立卫所。洪武二十七年(1394年)二月,江夏侯周德兴在嘉禾屿(今厦门岛)上建造第一座城寨——厦门城,因"徙永宁卫中左所官军守御",又称中左守御千户所,简称"中左所"(民间也泛称厦门岛为中左所)。

■ 清乾隆《鹭江志》手绘《厦门全图》局部 (高振碧 提供)

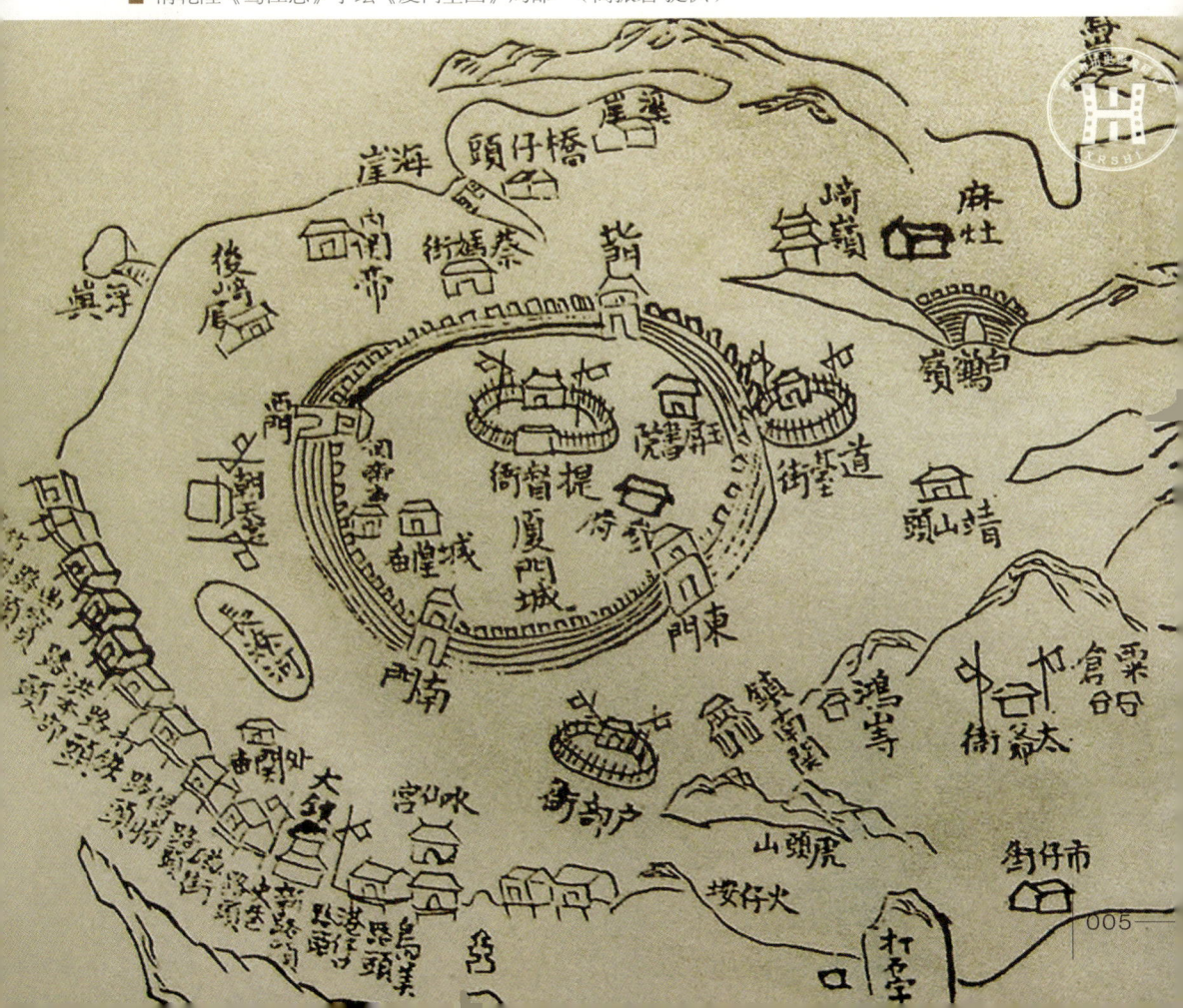

厦门城初建时"周四百二十五丈,高连女墙一丈九尺……城阔八尺五寸"(见清道光《厦门志·城寨》,即约1417米×6米×3米),设四个城门,东曰"启明",西曰"怀音",南曰"洽德",北曰"潢枢"。其后的永乐、正统年间,城的规制均有增扩。清康熙二十年(1681年),清军在与郑成功对抗中,厦门城一度被毁,康熙二十四年(1685年),福建水师提督施琅重新建造,周长扩至六百丈(即近2000米)。乾隆、嘉庆两朝均有重修和增设炮位。

■ 厦门城遗址城墙巡道 (高山 摄影)

■ (英) 威廉·亚历山大 1793 写生,1843 年刻铜版画《厦门城远眺》局部 （高振碧 收藏）

■ 厦门城遗址残存石砌登墙阶梯 （高山 摄影）

民国初年,因厦门市政建设,厦门城被拆毁。今保存北门石砌城墙一段,长约80米,顶宽3.5米至6米,呈东西走向。城墙最高点有平台一处。1994年,厦门市文物部门对这处市级文物保护单位进行全面维修,并在东段墙上复建垛堞,供民众观赏游览。

■ 厦门城遗址残存题刻 （高山 摄影）

厦门城在城市尚未建设发展之前，地势相对突出。明清之时，"城北有望高石，可全收山海之胜"，其上还建有一座八角亭，"可以远眺凤凰山"。明万历年间（1573—1620），丁一中在城墙边的巨石上留下五言律诗一首，称在此登高，"蓬瀛如在望，同与驾方舟"。清代福建水师提督衙门建在城内，此处就成为官兵的乐游之处，许多水师提督都在此留有摩崖题刻，现存的尚有咸丰年间（1851—1861）李廷钰、光绪年间（1875—1908）杨岐珍的手迹。乾隆年间（1736—1795）甘国宝那两段题刻文书让人读了妙趣横生，其中"曼倩偷来"以古代东方朔（号曼倩）偷仙桃献寿的传说典故，借喻那块岩石状似蟠桃。

■ 厦门城遗址光绪年间（1875—1908）杨岐珍题刻 （高山 摄影）

悬壁危亭水仙宫

□ 文 / 梁忠军

康熙三十六年二月初二（1697年3月24日）傍晚，六个行旅之人从五通渡码头登岸，一路跋涉，深夜抵达了水仙宫，由于"旅社隘甚，无容足地，故就和凤宫神庙，坐以待晓"。

这几个人中领头的是浙江杭州人郁永河，因为福州火药库失火，于是他自告奋勇前往台湾北投采集火药的原料——硫黄。1698年，他将在台湾九个月的历程以日记形式写成了《裨海记游》（又名《采硫日记》）一书。该书是首部详细记载台湾北部人文地理的专著，也是目前最早提及厦门"水仙宫"的文字记载。

■ 19世纪70年代，约翰·汤姆森拍摄的厦门水仙宫（高振碧 提供）

■ 水仙宫残存的"水天一色"摩崖石刻 （高振碧 摄影）

现存最早的厦门地方志书——《鹭江志》第一卷记述："水仙宫在望高石下，坐山向海。祀大禹、伍员、屈原、项羽、鲁班诸神，明时所建。迁界令下，海边诸庙俱废，此独不毁。"

乾隆三十年（1765年），厦门的金长源、叶德芳等商户、士绅捐金重修水仙宫，将后殿用于祀奉观音大士，并在左边修建了寒山祠和八角亭。文人陈迈伦记述了水仙宫重修落成时的盛况："鹭门禹庙落成初，胜景层开接太虚。斜磴人来悬壁上，危亭极目大荒余。"

■ "福星旅社"二楼露台所见水仙宫遗址 （高振碧 摄影）

悬壁危亭水仙宫

■ 鹭江道旁的水仙宫旧址 （高振碧 摄影）

1870年冬日的一天，一个深目高鼻络腮胡的外国人踏上了水仙宫码头，他叫约翰·汤姆森，是一位来自苏格兰的摄影师和探险家。在厦门逗留期间，他拍摄了一系列有关厦门人文风光的照片，其中之一便是"水仙宫"。这张百多年前的老照片让我们看见"水仙宫"当年倚"望高石"而建的情景。宫后的"望高石"上题刻"水天一色"四字，周边房舍林立，一派繁盛景象。

"近城烟雨千家市,绕岸风樯百货居。"水仙宫不仅是自明以降,厦门港口的地标建筑,还是澎湖、台湾等地水仙宫的祖庙,更是当年厦门与台湾对渡间郊商、船户最重要的信仰中心。时至今日,澎湖和台南的水仙宫香火依旧,而厦门水仙宫则在 1926 年至 1933 年的城市现代化改造中被拆除了,其中宫内的明代金漆木雕神像一度寄祀于中山公园北门的东岳庙,历经岁月变迁,最终湮没于时光中。

■ 水仙宫"水天一色"题刻很远就能看到 (高振碧 摄影)

悬壁危亭水仙宫　013

水师提督衙门寻踪

□ 文 / 梁忠军

厦门中山路，中国十大著名商业街之一。

它一头连接着厦门美丽的外滩——鹭江道，一头连接着中西合璧式建筑——厦门公安局。

很少有人知道，这个红蓝相间的建筑连同广场曾经是台海间最高的军事行政机关——福建水师提督衙门的所在地；也很少有人留心，当年水师衙门后花园的一些残迹，以及重修的一段厦门城城墙还隐身于这座建筑的背后。

■ 清末，厦门水师提督衙门 （高振碧 收藏）

■ 1935年，厦门海军司令部正门 （高振碧 提供）

1683年，康熙帝任命靖海将军施琅挂侯印执掌福建水师兼管台湾、澎湖的海上防御。为了便于对两岸的军事管理，施琅在厦门城内的制高处兴建水师提督衙门，并在靠近厦门北城门的望高石上修建了八风亭，登临八风亭，鹭岛的山海之胜尽收眼底。

福建水师提督衙门自清初修建到清末撤销共计219年，先后有47位提督在此办公议事，其中至少有13位曾担任或兼任过台湾镇总兵，包括歌仔戏里的传奇"浪子"、以指画虎的甘国宝，金门"九里三提督"之一的蔡攀龙，上海"三大城隍"之一的抗英名将陈化成。而清代官位最高的台湾人，民间传说陪着嘉庆帝游台湾的王得禄和主持修建厦门胡里山炮台和捐建厦门清真寺的回民将领杨岐珍，也都曾在此处理军情，部署海防。

■ 20世纪50年代的厦门工人文化宫 （林耷 收藏）

  时光荏苒，台海间的往事如鹭江之潮起起落落，福建水师提督衙门遗址上先后建立了民国漳厦海军警备司令部、厦门市工人文化宫和厦门市公安局等或办公，或休闲的场所。福建水师提督衙门前一对忠实地把守大门的青石雕石狮，穿越时空幸存了下来。可惜，几年前厦门工人文化宫搬迁时，它们被当作单位的财产吊运走，放置到市总工会的楼前。水师提督衙门遗址、遗迹就这样烟消云散了。

■ 厦门市公安局新大楼 （高山 摄影）

如今，走进隐身于公安局大楼背后的福建水师提督衙门的后花园，在巨大的山石上还能看到昔日甘国宝、杨岐珍等人的题刻，只是这些摩崖石刻与厦门老城墙一起变得更为沧桑、更为寂寥，更加不为人所知了。

■ 原"福建水师提督衙门"右侧石狮　　■ 原"福建水师提督衙门"左侧石狮 （高山 摄影）

水师提督衙门寻踪 | 017

厦门海关署衙探秘

□ 文/老 土

厦门地处中国东南沿海，与台湾一水相隔，是国内外商旅往来的重要口岸。厦门海关历史源远流长，源头可溯及古代市舶司。北宋元祐二年（1087年），朝廷在泉州设立市舶司，掌番货、海舶、征榷、贸易之事，这是厦门关区最早的具有类似现代海关功能的管理机构。明隆庆元

■ 光绪十一年（1885年）《厦门海后滩全图》"常关"位置 （张忠勇 提供）

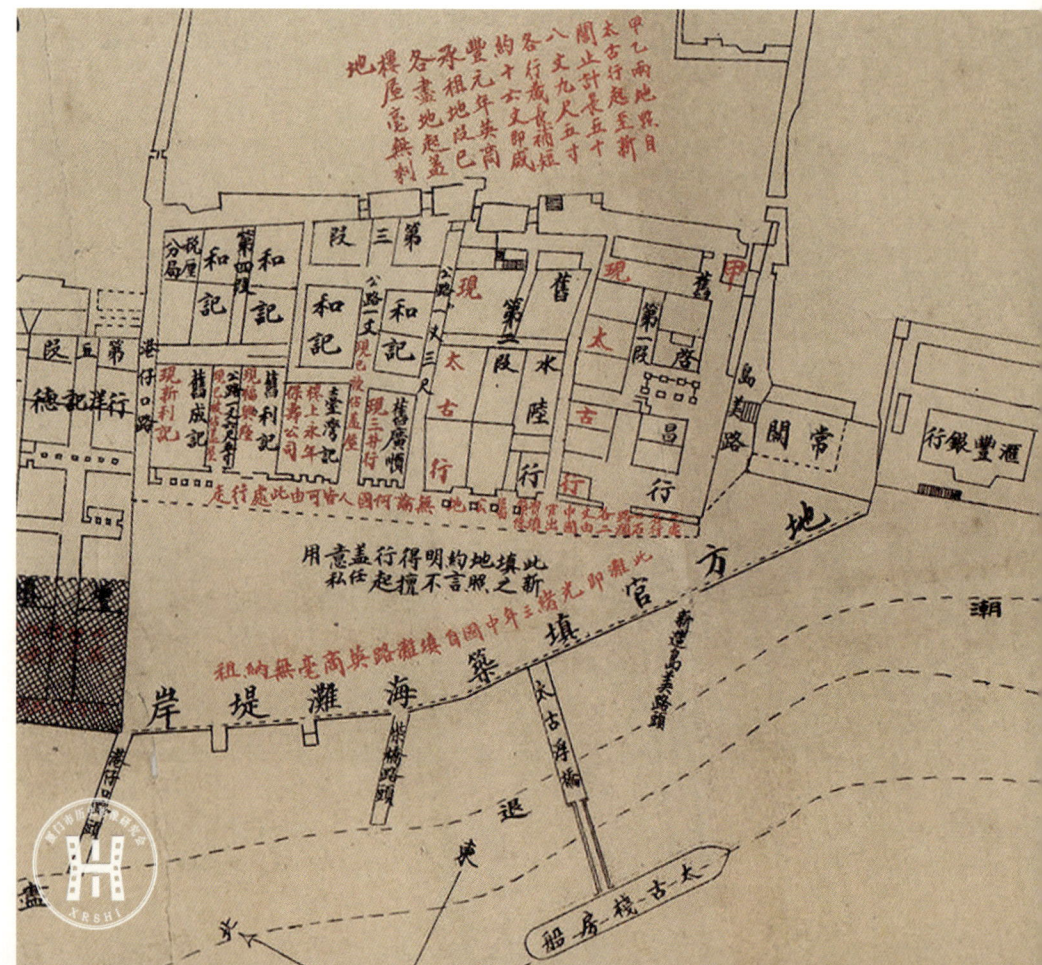

■ 1899年，岛美路头厦门正口"大宫"及相邻的汇丰银行 （高振碧 收藏）

年（1567年），漳州海澄月港成为当时全国唯一对外开放的通商口岸。万历年间（1573—1620），漳州府海澄县海防馆设为督饷馆，于圭屿、中左所（厦门）、澳头等地设馆盘验。

康熙二十三年（1684年），朝廷设立闽海关，同时设立的闽海关厦门口于次年正式办公，负责对进出口厦门的国内外商船及货物进行监督，对洋货和土货征收货税，对商船征收梁头税（船钞），附以违禁品的查禁。闽海关设置之初，其厦门衙署设在养元宫边，后迁至钱炉灰埕的江夏堂，道光时移设于岛美路头。雍正年间（1723—1735），厦门口年征税银已达10万两有余，居闽海关各口税收半数以上。

■ 1896年，厦门关税务司署及邻近洋行 （高振碧 提供）

鸦片战争后，厦门成为"五口通商"口岸之一。同治元年（1862年），"厦门关税务司署"（也称厦门关、洋关或新关）设立，负责管辖洋船与洋货，闽海关则只限于管理国内民船贸易，所属各口对外改称"常关"。这是厦门海关机构半殖民地化的重大转折，厦门海关从此进入洋关与常关两个海关机构并存的时期。税务与海务是厦门洋关的两大业务门类，由外籍税务司掌控的洋关业务不断扩大，在厦门口岸居主导地位，常关的业务日益萎缩。

■ 1926年，厦门外滩海关楼及其他洋行（高振碧 收藏）

　　光绪二十七年（1901年），厦门洋关根据《辛丑条约》接管口岸五十里内常关。民国二年（1913年），设立厦门关监督公署，形式上监督厦门洋、常各关，以及泉州、石码、铜山三总关及其所属分关哨卡，第一次形成现代厦门海关关区范围的雏形。民国二十年（1931年）1月1日，厦门五十里外常关裁撤。同年6月1日，厦门五十里内常关裁撤，结束洋、常两关并存的局面，厦门洋关从此统辖关区全部海关机构。1938年5月，日军攻陷厦门，沦陷区的海关机构被日伪控制。抗战胜利后，厦门洋关恢复执行国民政府法令，但业务凋敝，税收不振。

1949年10月1日，中华人民共和国诞生了，结束了近百年来帝国主义控制中国海关的历史，完全恢复了海关自主权，一个完全独立自主的社会主义新海关出现在中国的大地上。

1949年10月17日，厦门解放。同年10月22日，厦门市军事管制委员会正式接管厦门洋关，实行"完整接管、逐步改造"方针，开启了厦门口岸人民海关的历史新阶段。

■ 鹭江道厦门海关大楼等建筑群 （高山 摄影）

中国邮政头一家

□ 文 / 梁忠军

鹭江道，这条美丽的滨海路上，在其众多形形色色的楼宇中，海后路58号的"海后邮政支局"，一栋有着英式外观的建筑算得上是有故事的地方。

清同治五年（1866年），为了办理官方的邮政业务，清政府在厦门海关设立邮务办事处。清同治八年（1870年）一月，海关位于海后滩的新办公楼建成后，邮政业务就在这里进行。

光绪二十二年（1896年），福建省唯一的一个清政府官办邮政机构"厦

■ 20世纪一二十年代，海后滩厦门一等邮局 （高山 收藏）

门大清邮政筹备处"正式在此设立。次年 2 月 2 日,"邮政筹备处"直接更名为"厦门大清邮务总局",这个象征国家主权的机构在海后滩正式挂牌并对外营业。当时仅有 4 位专、兼职人员,他们是福建,也是中国近代的第一批邮政员工。2 月 20 日,清政府陆续在全国沿海、沿江的重要商埠口岸设立 32 个国家邮政官局,厦门成为中国最早对外开展官方邮局业务的城市。

也许是港口城市的繁荣,也许是开放口岸的便捷,短短 8 年时间,厦门邮务总局的邮境范围已覆盖 5 府 20 县,将近福建行政区一半的区域。

1912 年,中华民国成立。两年后,厦门邮政总局改称"厦门一等邮局",归属福州"福建邮务管理局"管辖。1923 年 4 月 23 日,从海关中分立出来的厦门邮政局,购买海后滩磁巷口(今海后路 58 号)怡和洋行二层洋楼及后面平房的房产和码头作为局址,流传很广的一幅老照片,就是这一时期的真实记录。

■ 夕照下的海后路 58 号邮政局倒有些许历史感 (高山 摄影)

■ 邮政局门口的老式邮筒　　■ 装修后的"厦门一等邮局"（高山 摄影）

　　1928年5月，厦门一等邮局成为国际邮件的互换局，发往东南亚等国家和我国香港地区的邮件，均采用直封由轮船载运，不再交"客邮"转递。同年10月18日，厦门短波无线电台开始接收拍发电报。10月29日，厦门一等邮局被中华邮政总局核定为"一等甲级邮局"。

　　历经日军侵占厦门，国共纷争等沧桑变故之后，1949年10月17日，厦门市"军管会"在接管厦门一等甲级邮局后，成立厦门市邮政局。

■ 邮政局大楼融入鹭江道尚存的一片欧式建筑中 （高山 摄影）

　　2002年6月，经厦门市政府相关部门批准，厦门市邮政局仿照"大清厦门邮局"老照片上的建筑式样全面装修，同年12月31日竣工。

　　2006年，厦门市人民政府正式为厦门大清邮局遗址立碑，碑文上写道："这是全国最早对外营业的邮局之一，也是中国近代国家邮政的开端。今大清厦门一等邮局（笔者注：应是'大清厦门邮局'）建筑虽已不存在，但遗址作为厦门官办邮局的发祥地，仍具有一定的纪念意义。"2004年11月厦门市政府公布为第五批市级文物保护单位。

撩开"打石字"的面纱

□ 文 / 梁忠军

2009年4月,北京,中华世纪坛世界艺术馆举办了一个名为"晚清碎影——汤姆逊眼中的中国(1868—1872)"的摄影展,展览总共展出了150幅苏格兰摄影师约翰·汤姆森(即"汤姆逊")拍摄的中国老照片,涉及风光、人物、建筑、家庭、市井等方方面面。展览产生了极大反响。

■ 1871年,约翰·汤姆森所拍"打石字"是进入厦门港的标志 (高振碧 提供)

不过，其中一张名为《日光岩》的老照片，让熟悉厦门文史和老照片的爱好者们提出了质疑。照片中这块临海而立、刻满文字的巨大岩石显然并不是大家所熟知的日光岩，那么这块巨石有没有自己的名字？上面刻写了什么内容？它究竟在厦门什么地方呢？

"解铃还须系铃人"，约翰·汤姆森的游记里有没有记录呢？

"……步出码头，即可看到碎石堆积的小山顶上，错落着巨大的花岗岩石和光滑的鹅卵石。在面向港口的一块大漂石上，醒目的大字刻写着关于本地历史的一些碑文。几块灰色的峭石昂首指向远处的江水，或横空跃向附近的岸边。当地人望着这些岩石总是心存敬畏，因为万物都与风水相关，也关系到港口命运。"（见《镜头前的旧中国：约翰·汤姆森游记》第六章）

1870年冬，约翰·汤姆森从汕头乘船抵达厦门，这是他踏上水仙宫码头时对厦门的第一印象，可惜他并没有提及那块刻满文字的大漂石叫什么名字。

经过厦门老照片收藏者和文史爱好者的辨认，确定约翰·汤姆森拍摄的这块刻写着醒目大字的大漂石就是厦门港著名的"打石字"。

对于"打石字"的关注，厦门历代的文人们一直没有中断过。

清乾隆三十一年（1766年）纂修的《鹭江志》"打石字"条记载："在虎头山下，一石壁立海边，明防倭时，李逢华修筑炮台，镌其费用及时人名姓于此。每字可二尺余，字迹苍老。见之，俨然一大幅古字悬挂高崖。"

■ 清乾隆《鹭江志》手绘《厦门全图》局部 （高振碧 提供）

道光《厦门志》卷七《分域略·虎头山》记载："（虎头山）山下巨石壁立。前明防倭，李逢年筑炮台，镌费于上。字径三尺余，林懋时书，俗呼为'打石字'。"

民国《厦门市志》则更是匪夷所思地记载：磐石炮台"厦门名曰旧炮台。道光三年（1823年），为防英夷而设，由卫千户李逢华禀准提督，商兴泉永道，请拨库银建筑，李千户督工。计长五千丈（约17千米），自鸟空园至沙坡头。其不敷百余两，由李千户捐廉补足，并勒石为记"。

立碑者究竟是李逢华还是李逢年？抑或明清两朝在厦门出现了两个同名同姓的李逢华，都是卫千户，都捐银筑城勒石以记吗？

厦门文史学者方文图先生曾经于1961年在《厦门日报》上发表过《沧海桑田话鹭江——石字临江》一文，文中记录："明李逢年在虎头山麓近厦门港附近的海滨，镌刻了筑炮台防外寇的题记，俗称'打石字'（可惜这个大岩石碑记已不存，老年人士只记得计有百字，最后是'防夷固圉'四字）。原来在1926年，这一带已修起海堤，削平山丘，扩展同文路和厦港民生路外沿地区，现已成交通要冲了。"

2009年，在"鼓浪语文化社群"群友们的共同努力下，"打石字"的摩崖石刻得以确认，全文共计106字，其中正文100字，落款6字。

■ 1930年厦鼓全景中的"打石字" （高振碧 收藏）

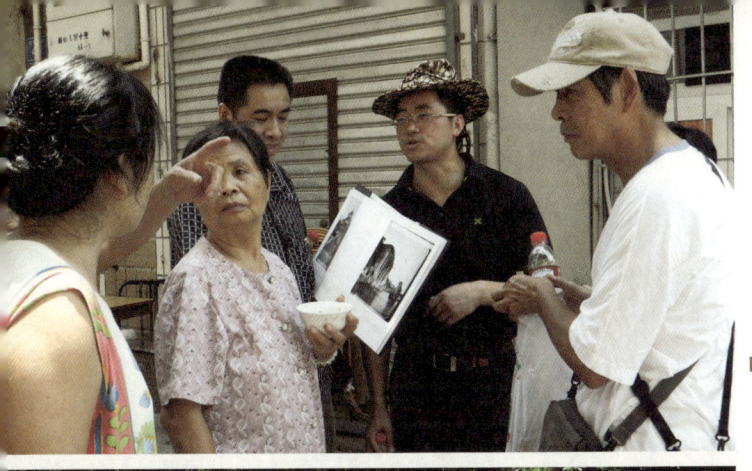

■ 厦门人文历史爱好者进行"打石字"田野调查（蓝添艺 摄影）

■ 铁路就在这一带和"打石字"相会（高振碧 摄影）

此后，"鼓浪语文化社群"的高振碧、蓝添艺、龚健、范世高、梁忠军、白毅和龚小莞等群友先后对"打石字"（又名"天启石"）的遗迹进行田野调查，引发厦门媒体与文史爱好者的广泛关注。在通过实地考察及老照片、老地图的多次比对之后，基本确认如今厦港街道寿彭路1号社区（原外贸系统宿舍）后侧与思明区信访局之间，临近旧铁道的巨石残迹应当就是当年的"打石字"。

撩开"打石字"的面纱 031

1871年，摄影家约翰·汤姆森所看到的"打石字"题刻（高振碧 提供）

虽然"打石字"的遗迹基本得到确认，厦门地方官员自捐薪俸筑建城垒巩固海防也实在令后人敬仰，但是昔日厦门地标的消逝却成为众多文史爱好者心中的深深遗憾。我们感念故乡山水的优美，感念故乡悠久的历史，可是在城市的快速发展和不断扩张中，乡愁总会少了一些寄托的所在。

附："打石字"摩崖石刻文字

天启三年正月既望，蒙考选将材中左所千户李逢华，奉钦差督抚福建军门商、兵巡兴泉道副使沈、守泉南游击将军赵、泉郡署海防通判闻人，计发银壹拾玖两，议委逢华领筑厦门港铳城，周围伍拾丈，并逢华自捐俸钞银佰余两，添造竣功，防夷固围勒志。

季夏 林懋时书

■ 19世纪80年代，厦门港玉沙坡 （张忠勇 提供）

寻梦"沙坡尾"

□ 文/郭崇江

　　沙坡尾，一个让老厦门人魂牵梦绕的地方。在他们的记忆中，沙坡尾是厦门港的发源地之一，承载着厦门港兴衰变迁的历史岁月。

　　提及厦门港，在明代漳州月港繁盛时期，还只是月港的一个附属港。漳州的月港因水中一条海沟环绕如月牙，故名月港。月港附近的海域古称"圭海"，因港口圭屿而得名。圭屿又称鸡屿、龟屿，屹立海中，是水路入海门户。根据史书记载，当时的船舶从月港起航后，"计一潮至圭屿"，再"半潮至中左所（即厦门）"，"……盘验于此，验毕，移驻曾家澳，候风开驾"（见明万历《东西洋考》）。及至清初，厦门贩洋，凭借与沿海、台湾及南洋之贸易，因而崛兴，后因战乱，海外贸易一度陷入低潮，至清朝完成统一后，厦门港再度"市肆日闹也，货贿财物日增而日益也，宾客商旅日集而繁也，四夷八蛮，道里所通，舟车所济，则又日往而日来"（见清道光《厦门志》）。清乾隆前期，厦门的海外贸易达到顶峰。据清人记载，当时厦门"可为舟楫聚处，港中舳舻罗列，多至以万计"（见清乾隆《鹭江志》）。

厦门港兴起的历史过程，也就是沙坡尾日渐繁荣的过程。因为早期的厦门港是一湾呈月牙形的海湾，金色的沙滩连成一片，故有"玉沙坡"的美称。根据记载，"玉沙，在厦港。环抱如带，长数百丈，上容百家，税馆在焉。风水淘汰，毫无所损，每商船出港，取数百石作重，终岁不竭，宇宙中异事也"（见清乾隆《鹭江志》）。

清康熙二十三年（1684年）闽海关设立，厦门是其正口，成为"凡海船越省及往外洋贸易者，出入官司征税"之地。清雍正五年（1727年），厦门被指定为福建"总口"，所有从福建出航的洋船必须由厦门入口并在厦门装船。在此后的近百年间，厦门是大陆与台湾之间往来的唯一通道，其他任何港口均不得通行。当时，大陆与台湾对渡，就在厦门玉沙坡与台南鹿耳门之间进行。乾隆三十九年（1774年），时任厦防同知的蒋元枢还在位于玉沙坡的接官亭前建有"盛世梯航天南都会坊"（见清道光《厦门志》卷二《分域略》），可惜今已无存。在台南，现今还保存着后升为台湾知府的蒋元枢重修风神庙以及修建的接官亭牌坊，这也成为两岸同根同源的最好例证。

■ 位于台南神农街的风神庙和接官亭石牌坊 （郭崇江 摄影）

沙坡尾还曾经是厦门造船业的集中地带。根据1946年出版的《厦门大观》载，厦门的造船业随渔业活跃而兴盛，同样集中在沙坡尾一带。

■ 沙坡尾数百年来就是厦门和周边渔民的海上家园 （高振碧 摄影）

■ 2014年,沙坡尾船坞中闲不住的渔民 (高振碧 摄影)

　　作为岛内现存唯一的老式避风港,沙坡尾从2015年6月起开始全面改造提升,期待承载老厦门人记忆的沙坡尾改造之后能够再现老厦门的历史与文化,让年轻一代的厦门人"梦回"沙坡尾,看得见"乡愁",记住厦门的"根"。

■ 沙坡尾，老厦门人寻梦的地方 （高振碧 摄影）

寻梦"沙坡尾"

"鼓浪石"的前世今生

□ 文 / 高振碧

唐、宋时期,位于厦门岛西南方的鼓浪屿,因小岛呈椭圆形,沙滩、碧浪环绕,被称为"圆沙洲"或"圆洲仔"。那时,岛上巨石满坡,礁盘漫滩,人烟稀少,满眼荒凉。

宋末元初,海澄(现龙海)和海沧出海捕鱼的渔民常来此避风歇脚,小岛逐渐有了人气。在圆洲仔的早期开发中,人们发现小岛西南海滩上屹立着一堆数人高的海蚀岩,中间被海水冲蚀成天然石洞,每当大潮波涌,风浪拍击岩洞便发出擂鼓般隆隆声,尤其是刮西南风的夜晚,鼓浪之声能够传遍半个岛屿,"鼓浪石"之名逐渐传开。"鼓浪石"无疑是这座小岛早期最重要的景观之一,它给"鼓浪屿"岛名的来历,注入声形可绘的人文色彩。

拿1900年左右几张已发布的印刷品册页与明信片比对,可以发现,因无情时光的磨砺,长年海浪的冲刷,"鼓浪石"已处于礁岩风化的"濒危"状态。清末,已经有人不忍心看它消失,在它的基础部位用石灰加固。

The Drum Wave-Rock on Kulangsoo South Beach, after which the Island is called.

■ 1900年左右"鼓浪屿南部海岸浪击鼓声的岩石"（高振碧 收藏）

1908年，当时的清政府选择厦门作为接待美国大白舰队访问中国的唯一港口，一本为美国水兵游玩而精心选编的《厦门旅游导览》，就有这块奇特的礁岩"DRUM WAVE ROCK"（鼓浪石）。

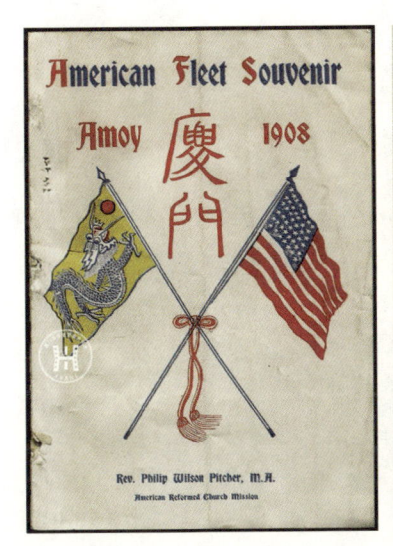

KOLONGSU.

This small island of irregular oval form, about a mile and a half long by half a mile wide, lies within easy rowing distance of Amoy city. It has consequently been the residential quarters of the mercantile and missionary community in this part of the Far East. For situation and natural attractions, with its beautiful harbor and grand hills about it, it is unsurpassed anywhere along this entire coast. From two hundred to two hundred and fifty foreigners reside here in very comfortable homes; and since the inauguration of the Municipal Council's regulations these homes have been placed under vastly improved conditions.

The name Ko-long-su is made up of three Chinese ideographs or symbols, viz: Ko—a drum; Long—a rushing sound, e.g., a wave; and Su—an island. The whole therefore meaning Drum Wave Island, and so called because of a peculiar wave-like sound produced by the sea rushing thro the hollow of a rock that reposes on the beach back of the German Consul's residence.

Kolongsu became an International Foreign Settlement in 1903. It has the unique distinction of being governed by representatives of at least six different nations. Everything thus far has been most happily conducted, and with very little friction. This is worth noticing under a new regime like this. Improvements

DRUM WAVE ROCK.

■ 1908年《厦门旅游导览》封面　　■《厦门旅游导览》内页有"DRUM WAVE ROCK"（鼓浪石）插图

"鼓浪石"的前世今生　041

042　■ 20世纪一二十年代，在鼓浪石上玩耍的中外儿童　（Bill Brown 收藏）

看百年前的历史影像，大海与鼓浪石相伴，那个能够鼓声的洞穴不大，而且直对着海浪，只要潮位、风力和风向组合适宜，一定会有奇特的鼓声出现。

近年来，有人为这堆石头的真伪争论不休，他们要是能够读到这张鼓浪屿英资美璋照相馆发售的百年明信片和英文原注"The Drum Wave-Rock on Kulangsoo South Bench, after which the island is called."（鼓浪屿南部海岸浪击鼓声的岩石），还会挑战历史影像和老外的文字记录吗？

十年前，笔者赶上一次天文大潮，用随身携带的DV摄像机录制了一段"波涛隆隆、鼓声阵阵"的难得视频，或可作为鼓浪屿自然奇观的佐证。

现在，"鼓浪石"周边环境受到人为改变。70多年前，一座碉堡就像防波堤挡住了正面袭来的海浪，那个天然洞穴也被当年民兵扩挖成海防前线的"哨位"。现在，如果浪不来，鼓不响，实在不能怪它，更不能因此质疑它原本的身份。

■ 如今，鼓浪屿西南海岸的"鼓浪石"（高振碧 摄影）

■ 1871年，约翰·汤姆森所拍鼓浪屿鹿耳礁

"鹿耳礁"寻迹

□ 文/高振碧

　　鹿耳礁的名称由来已久，清乾隆《鹭江志》载："左有剑石、印石，在海面。右有鹿耳礁、燕尾礁。"道光《厦门志》卷四《防海略》载："鼓浪屿汛在厦城西南隔水相对，水程二里……东一里至鹿耳礁，临海与厦港炮台汛交界。"可见那时鹿耳礁已经是海防地标。

■ 在鼓浪屿鹿礁路路口，接近140年前汤姆森拍摄位置见到的场景　（高振碧 摄影）

19世纪英国纪实摄影家约翰·汤姆森（John Thomson）拍摄的鼓浪屿"鹿耳礁"影像至今留存的至少有3幅，都是在低潮位时拍摄的。清末，鼓浪屿美璋照相馆还专门印制了明信片供邮寄和收藏。

1980年《厦门市地名录》关于鼓浪屿"鹿礁路"的标注："以附近海中鹿耳礁（又名牛蹄礁）为名。"从现存的19世纪后期至20世纪40年代的多幅老照片中，都能清楚地看到这块礁石浮出海面形如鹿耳的容貌。1959年8月23日，一场12级以上的超强台风，卷起万吨巨浪将它掀翻并击毁，千古名景即刻殉没。

Beach at the food of the Amoy Signal Station.   Mee Cheung, Amoy.

■ 清末，鼓浪屿信号台（升旗山）下的鹿耳礁 （高振碧 收藏）

    2013年5月10日（农历四月初一，大潮）下午3点，潮水终于慢慢消退，沙滩、礁盘变得清晰起来。此时，鹭江海面中一小堆锥体礁石，在"鹰岩"的跟前渐渐呈现，体积虽小但在天光反衬下黑白对比特别显眼。时空跨越140多年，这种既容易被忽视，又不可复制的自然细节，无可辩驳地印证了眼前这一大片体积庞大的礁岩，就是1871年约翰·汤姆森拍摄《鼓浪屿远眺厦门居民区》的取景地。现在鼓浪屿的漳州路、鹿礁路，在一百多年前都是沙滩，退潮时"鹿耳礁"和"鹰岩"突兀地站立在海滩上。

■ 20世纪30年代，鼓浪屿海滩的鹿耳礁 （高振碧 收藏）

■ 1959年台风掀翻的鹿耳礁依然躺在沙滩上 （高振碧 摄影）

应该庆幸1959年那场台风还留下了右侧那块"鹰岩"（另一个角度又酷似"骆驼"），今天才有参照物，得以认定鹿耳礁遗址。"鹿耳"现在就横卧在原址的南面，现在一条花岗石铺垫的小径穿插其间，游客们在那里可以尽情地拍照、嬉水、捉蟹。

纪实影像是最好的历史证据，寻迹逝去的鹿耳礁，不为怀旧而是为了更好地爱惜现存的自然遗产。

■ 2013年5月，仿照汤姆森1871年机位从鹿耳礁附近拍厦门岛 （高振碧 摄影）

鼓浪屿兴贤宫

□ 文/何丙仲

兴贤宫奉祀北宋名医吴夲,又称大道公宫,民间简称"大宫",建于明代,具体时间不详。相传,早先此庙供奉协天大帝关公,清咸丰年间(1851—1861),有一位经营"南北郊"海上贸易的鼓浪屿人黄肥怀,因仰慕温州某大道公宫的神像十分灵验,就把它请到岛上奉祀,将原来的庙宇扩为两进,关公神像移到后殿。自此之后,兴贤宫香火特别兴旺,一时成了厦、鼓乃至南洋各国和我国台湾地区等地信众进香朝拜的圣地。1915年重修兴贤宫,还得到著名台胞林尔嘉等厦鼓热心人士和侨商的捐款资助。

■ 清末,鼓浪屿兴贤宫 (高振碧 收藏)

■ 清末，兴贤宫前的新娘轿子 （高振碧 收藏）

  每逢元宵、端午和中秋等重大节庆，兴贤宫都会举办民俗活动。农历三月十五日系大道公诞辰，信众们会提前奉大道公的神像到对岸的白礁慈济宫谒祖进香。届时除在宫前戏台演戏娱神外，岛上民众还自发组织形式繁多的踩街活动，踩街队伍走在进香归来的神像前面，因而厦门俗语常说"大道公押尾后"。每年元宵节这里还会举办"乞龟"和猜谜等民俗活动。"龟"是闽南特有的精美糕点，在这一天任何民众都可以向神明"乞龟"以求好运，来年加倍奉还。这些活动丰富了当时岛上居民的文化生活。

尤其值得一提的是，鸦片战争之后，外国人士先后来岛上居住，兴贤宫因其所处的地理位置，很早就成为向世界展示当地民间信仰以及民俗文化的一个典型，见诸许多外文史料或影像资料。外国人还注意到兴贤宫周围还张贴了各种布告，说明这里是当时岛民的社会活动中心。老鼓浪屿人还能记得，新中国成立之初岛上的各类告示，甚至"戏园"的电影预告，都是由兴贤宫的人出来敲锣通知的。

■ 20世纪30年代，从鼓浪屿兴贤宫后侧看日光岩 （高振碧 收藏）

■ 鼓浪屿兴贤宫遗址变成街心广场 （高山 摄影）

"文革"期间，兴贤宫被扫荡一空，所幸神像被民众转移到家中。宫庙先是被废置，其后被拆除重建为鼓浪屿青年宫，1985年又被辟为马约翰广场。2007年，鼓浪屿信众在复兴路"林氏府"一侧重建兴贤宫，香火不但依然兴旺，而且现今还被政府正式授牌为"民间信仰点"，成了海峡两岸民间交流的一处重要场所。

昔日的兴贤宫，的确是近代鼓浪屿多元文化的一个重要见证。

"番仔球埔"与网球

□ 文/高振碧

在中国权威的网站上搜索有关网球运动的资料,可知网球运动与厦门无关。一般说法是,1885年前后,网球进入中国的上海、广州等大城市。近年来,我们从发现的老照片和文字史料研究中,发现网球进入厦门鼓浪屿的时间要比中国其他大城市早好几年。完全颠覆了上述的说法。

赖阿芳(Afong Lai),是中国早期著名的摄影家之一。1875年,他拍下了一幅厦门鼓浪屿全景(Amoy Panorama of Kulansoo),珍贵的影像中间是一大片平整的运动场。

■ 1875年,赖阿芳拍摄的鼓浪屿全景,图中是运动场 (高振碧 收藏)

■ 1880年，鼓浪屿运动场上已有多个网球场　（高振碧 收藏）

这是一张拍摄于1880年的鼓浪屿"番仔球埔"的老照片：草坪上没有足球场的边线和球门，却有两个用白灰画出的网球竞赛场地。这说明1880年之前，现代网球运动已经传入鼓浪屿。另一幅拍摄于1888年的《俯瞰鼓浪屿运动场》大画幅老照片则显示，番仔球埔和海关俱乐部一带，近景的绿茵场上，规整地划满了至少

"番仔球埔"与网球　055

六个网球场地，处于中景位置的海关俱乐部围墙内，还有一个独立的网球场。从另一幅 19 世纪 80 年代的《厦门，混合双打网球》（*Mixed Doubles, Tennis, Amoy*）中也可以看到，绅士淑女们在这里进行网球混合双打，其中还有华人球童。可见一百多年前，鼓浪屿草地网球运动的规模已经很大。

■ 19 世纪 80 年代，鼓浪屿球埔上的草地网球双打运动（圣朱利安·爱德华兹 摄影）

■ 1900 年左右，厦门鼓浪屿共济会和运动场 （高振碧 收藏）

　　网球现身鼓浪屿的历史，还可以找到明确的文字记载。著名英国汉学家赫伯特·艾伦·贾尔斯（Herbert Allen Giles，又译翟理斯），在 1878 年 4 月至 1881 年 3 月间，曾被英国派到厦门担任代领事。贾尔斯在 1878 年 10 月出版的《鼓浪屿简史》（A Short History of Koolangsu）书中写道："那些拥有私家草坪的幸运者，不但可以在公共运动场上打草地网球，还可以在自家的草坪上打。"

　　英国伦敦教会传教士麦高温（John Macgowan，1835—1922），1866 年 6 月来到厦门，一住就是 50 年，是位精通汉语和闽南话的著名汉学家。他在 1897 年出版了《中国南方的影像》（Pictures of Southern China），书中描述鼓浪屿"岛上另一个显著的特征是有公共草地，社区的大多数户外活动都在这个草地上举行。每天下午，只要天气晴朗，男男女女都会聚集在这里开展娱乐活动。网球是这个地方最为人所熟悉的重要项目，一年九个月，人们热衷于这项运动。如此开展的竞赛培养了一些很优秀的选手，即便是与英国国内最优秀的选手较量，他们也会获得好的名次"。由此可见当时鼓浪屿网球运动的水平。

影像和文字信息明确显示,"番仔球埔"最早是草地网球场。此时,足球还在远离中国的地方转悠。

权威的文字记载与百年老照片构成一条令人惊喜的信息链,厦门鼓浪屿无疑是中国最早引进现代网球运动的地方。

■ 鼓浪屿如今的"番仔球埔"及周围建筑 (高山 摄影)

鼓浪屿上打壁球

□ 文 / 郑俊明

鼓浪屿素有万国建筑博览之称，在这座弹丸小岛上荟萃了上千座中西合璧、风格各异的中外建筑，而在早期鼓浪屿老照片中有一座高高的围墙，却没有屋顶的奇怪建筑引起了"爱上老厦门"文化群里老照片爱好者的关注和热议。

在一张宛真照相馆1930年复制标注"Kulangsu, 1868"的鼓浪屿老照片中就已经出现这座建筑的身影。之后在1880年左右的鼓浪屿老照片中，这座奇怪房子的右边出现了一座精美的英式二层洋楼。

这座洋楼就是建于1876年的厦门俱乐部（Amoy Club），是岛上洋人们休闲娱乐的场所。而1878年著名汉学家、时任英国驻厦门领事赫伯

■ 1868年俯瞰鼓浪屿的这张影像画面中间可见有两间壁球场 （高振碧 提供）

■ 19世纪80年代，瑞生照相馆拍摄的鼓浪屿壁球场 （高振碧 提供）

特·艾伦·贾尔斯出版的著作《鼓浪屿简史》为我们解开了谜底。该书在《娱乐》一章中记载："紧挨着俱乐部有一座小剧场，……与剧场并排的是一座壁球场（the racquet-court），对所有能坚持这种剧烈运动的人来说那是无穷的健康之源。"原来那座奇怪的建筑是一座壁球场。这也是目前所发现的最早有关这块壁球场的文字史料。

壁球，最早起源于18世纪的英国伦敦老城中心专门关押欠债人和触犯刑律、教规的贵族的监狱，这里的囚犯借用球拍对室内墙壁击球以打发枯燥无聊的囚禁时光。不过真正意义上的壁球是大约在19世纪30年代，由英国著名的贵族学校哈罗公学的学生发明的。因球在飞速撞击墙壁时发出类似英文单词"squash"的发音，因此该项球类活动被命名为

鼓浪屿上打壁球　061

"SQUASH"，即壁球。1864 年，第一座专用来打壁球的场地在哈罗修建，这也成为该运动正式创立的标志。到 19 世纪中期，包括牛津、剑桥等英国多家高校以及一些私人庄园都已建有露天壁球场地。随着英国对外殖民扩张，壁球运动也随之在世界范围内迅速传播，成为当地上流社会的一种休闲时尚。

厦门鼓浪屿的壁球场正是在鸦片战争之后，中英签订《南京条约》、厦门被辟为"五口通商"口岸之一的背景下建立起来的。虽然目前尚未找到这座场馆的具体建造时间，但那张标注着"1868"年的鼓浪屿老照片可以证明早在 19 世纪 60 年代壁球运动就已经传入中国。

至于鼓浪屿这座壁球场，到了 1920 年左右最终连同洋人俱乐部一起被菲律宾华侨黄秀烺购得，他与同乡黄念忆于 1921 年共同建起海天堂构，其中最具特色的中楼即是原洋人俱乐部旧址，而由此可以推测原来的那座壁球场应在中楼左侧的方位。

■ 19 世纪 80 年代，鼓浪屿壁球场的背影 （高振碧 提供）

■ 1895年，鼓浪屿升旗山下的壁球场和洋人墓地 （高振碧 提供）

如今，这块当年洋人嬉戏游乐的场所，华侨居住过的私人豪宅，已经被改造成鼓浪屿建筑艺术馆、咖啡会所、南音及木偶演艺中心，成为游人休闲旅游的好去处。

■ 19世纪80年代，福州也有壁球场 （高振碧 提供）

保龄球在鼓浪屿

□ 文/龚 健

据中国体育界通常的说法和有关史料记载,保龄球是20世纪初传入中国的,那时在上海、天津、青岛、北京曾有过为数极少的保龄球场,设备十分简陋,捡球摆瓶全靠手工。

其实,保龄球早在19世纪中叶就落户鼓浪屿,比史料记载早了近50年,而且在20世纪初就举行了保龄球赛,可以说鼓浪屿的保龄球运动是中国最早的,鼓浪屿是中国保龄球运动的始发地!

[32]

The Lodge was opened in due and ancient form on the evening of the 21st September 1878; and after the affiliation of Messrs. N. Moalle and J. Henningsen, five candidates were initiated, these being Messrs. R. H. Pye, J. C. Wardlaw, T. G. Harkness, J. R. Coulthard and A. J. Booth. Four more, namely, Messrs. J. J. Henderson, E. Rocher, J. Gratton Cass, and J. Armstrong, followed on the 8th October; from which it may be assumed that the Ionic Lodge of Amoy will soon be one of the most flourishing in the Far East.

THE CLUB.

The spacious edifice now occupied by the members of "The Club" was erected in the year 1876, to replace some very inconvenient premises that had done duty for a number of years previously, before the community had increased to its present numerical proportions. The building contains a fair library, a reading-room supplied with all the best home and local papers, a billiard-room with two tables, a bowling-alley, a bar for drinks and oysters, and a committee-room, which last is nightly used for the table d'hôte at 7.30 P. M. The latest telegraphic news of steamers despatched to and from the various coast ports is published in the hall, where an excellent barometer is kept for the information of those interested in the changes of the weather.

■ 1878年出版的《鼓浪屿简史》第32页,有关保龄球的描述 (龚健 提供)

据英国驻厦门代领事赫伯特·艾伦·贾尔斯1878年所著《鼓浪屿简史》记载："俱乐部现在使用的那座宽敞的大楼建于1876年……大楼里面有图书馆、台球室（billiard-room）、一条保龄球道（a bowling-alley），一间有饮料和牡蛎的酒吧间……"专门供各国领事、洋行职员和会英语的中国人娱乐，这说明1876年保龄球就来到了鼓浪屿。

如果下图这张标注1868的历史照片确定是1868年所摄的话，那么保龄球与台球、网球、板球、壁球、高尔夫球、曲棍球等西方体育项目，很有可能提前到1868年前后，就已经陆续在鼓浪屿展开了。

■ 1868年，鼓浪屿已有俱乐部和两间壁球场（高振碧 提供）

保龄球在鼓浪屿 | **065**

■ 1909年，厦门俱乐部杯保龄球赛一等奖龙纹银杯

  2013年，英国伦敦拍卖的一只银碗，正是鼓浪屿保龄球俱乐部比赛的奖杯。该碗用古老的錾花工艺，一条飞龙凸起，紧追一个明亮的太阳，形成一幅"飞龙追日"图画，骄纵的飞龙神态昂扬，工艺精湛。银碗口径11厘米，高6.5厘米，圈底直径6.5厘米，圈足斜面0.9厘米。明亮的太阳上镌"AMOY CLUB BOWLING HANDICAP 1st PRIZE WON BY G.M.YOUNG APRIL 1909."（厦门俱乐部保龄球赛第一名奖品得主 G.M.Young 1909年4月）。1909年是清宣统元年，这年举行保龄球义赛的实物奖杯非常有意义，不仅是厦门现代体育发展史极有力的见证，而且还将中国保龄球运动的实物证据向前推了30年！

■ 1909年，厦门俱乐部杯保龄球赛一等奖龙纹银杯（反面）　■ 1909年，厦门俱乐部杯保龄球赛一等奖龙纹银杯杯铭

■ 19世纪80年代，鼓浪屿的海关俱乐部　（高振碧 提供）

■ 20世纪20年代,鼓浪屿球埔旁海关俱乐部及田尾路万国俱乐部 (高振碧 收藏)

大约在20世纪20年代,由于老旧场馆经历50多年风雨,已经不堪使用,领事们变卖了老旧的俱乐部,到田尾建了一座新的多功能现代化的"乐群楼",亦称"万国俱乐部",闽南话俗称"大球间",里面铺设了自动化循环式保龄球道,不需再用人工捡球摆瓶了。1949年以后,万国俱乐部停止使用,20世纪60年代改作省干部休养所后,就没有再启用保龄球娱乐运动了。

■ 19世纪70年代，约翰·汤姆森影像中的鼓浪屿农田和教堂

百年沧桑"协和堂"

□ 文 / 吴保罗

在鼓浪屿天主教堂和日本领事馆附近一座重新修葺的教堂格外引人注目，她就是鼓浪屿现存最早、有着150多年历史的协和礼拜堂。

厦门成为"五口通商"口岸之一后，一批批来自欧美各国的西方人怀着不同目的来到鼓浪屿居住。他们很多是基督徒，为了满足宗教活动需求，厦门的三公会（美国归正会、英国伦敦会、英国长老会）在鼓浪屿鹿礁顶（亦称上鹿礁）自筹资金建造教堂。1863年，这座新古典主义风格的教堂竣工，不同教派的信徒在鼓浪屿共同使用一座教堂，因而教堂有了一个大家都能接受的名称——国际礼拜堂。这是外国人专用的教堂，由在厦门的英、美传教士用英语进行布道，只有那些精通英语、家世显赫的少数中国人才能够受邀参加礼拜。因而教堂又被鼓浪屿人称为"番仔礼拜堂"。1911年，教堂进行翻修，改称"协和礼拜堂"，并一直沿用至今。

■ 20世纪70年代，舍恩克镜头中的鼓浪屿第一座教堂　（高振碧 提供）

■ 穿越时空寻找尘封的教堂 （高振碧 摄影）

    1878 年，协和礼拜堂使用管风琴举行礼拜，从此美妙的音符通过教堂传播，将音乐的种子播撒在鼓浪屿。

    救世医院郁约翰医生等对鼓浪屿有贡献的国际友人就在此做礼拜。1949 年后，欧美人士陆续返回他们的国家，1952 年协和堂停止举办聚会。此后，协和堂交由第二医院使用，曾作为医院的礼堂和药房。1974 年 4 月，由于第二医院发展的需要，这座教堂差点被拆除用于建药剂房，但在鼓浪屿居民、国家一级建筑师白家欣先生的斡旋下，最终在其周围加盖楼房遮挡，使教堂得以保存，等待着重见天日的一天。

2009年5月下旬，资深纪录片编导高振碧先生在"鼓浪语文化社群"里，求证一张标明"Kulangsuu，1870"的西式建筑老照片，在群友指认下确定其为协和礼拜堂。高振碧先生立即邀龚健到现场踏勘，并联系厦门媒体，透过媒体详细介绍协和礼拜堂的前世今生，在社会上引起较大的反响。与此同时，陈勇鹏、蓝添艺、梁忠军等群友都通过各自的渠道，积极向基督教三自会、鼓浪屿管委会、厦门第一医院等有关单位和组织呼吁、沟通，力图保护、恢复协和堂这座鼓浪屿早期多元文化融合的物证。随着鼓浪屿申遗的决心渐强，在社会各界的共同努力下，协和堂终于修复，并于2011年7月30日投入使用。

目前，协和礼拜堂已经成为鼓浪屿国际多元文化社区中重要的景点，向来自世界各地的游客述说它的百年沧桑。

■ 2011年，鼓浪屿第一座教堂"协和礼拜堂"的圣诞之夜 （高振碧 摄影）

■ 建于1863年的鼓浪屿第一座教堂，2011年经修葺后重见天日 （高振碧 摄影）

百年龙头路

□ 文 / 高振碧

当厦门先民摇着舢板船来到鼓浪屿开荒捕鱼时,龙头山下的一弯沙坡浅滩就是他们上岛的地方。龙头山,充满华夏信俗的神奇,与厦门岛的虎头山隔鹭江相望,引出"龙虎锁江"的美谈。中国人讲风水,在"龙头"近处设渡头,开街市,那是旺穴。所以,由龙头山而起,龙头渡、龙头街配套成"龙"。

鸦片战争后,英国人派兵强占鼓浪屿,在龙头山脉建立领事机构,它像一根楔子扎入龙穴。虽然岛上只有数百外国人居住,但他们远离故土却"安居乐业"。一百多年前,龙头街尽管只是乡间市集、狭窄拥堵,店铺也十分简陋,但客户市场已然国际化。生意人看准有消费能力的外国人,连广告都使用外文。1900年,英芳(Ying Fong)拍摄的这帧《龙头码头街》,无疑是研究鼓浪屿早期商业活动的标本。

■ 1900年,英芳拍摄的龙头街道　(高振碧 收藏)

■ 20世纪30年代，龙头路上的水兵 （高振碧 收藏）

    鼓浪屿的个性在于中国的文化包容、混搭了西方的文明。一百多年来，总有人试图用"脱胎换骨"的方式让它"大变身"，但是除了强拆剥夺了其沧桑的外表之外，鼓浪屿建筑的骨子里还仍然是带着闽南味的中国风。正因为这样，才显示出它的张力，外国人青睐它，中国人更喜欢它。

    一个世纪前，龙头路可谓人头攒动，在这里可以看到中外各阶层人士，如外交官、传教士、达官贵人、华侨商贾、文人学士、艺术家、游客，以及外国大兵……

■ 2012 年，龙头路依然保留着 20 世纪 30 年代的面貌　（高振碧 摄影）

到了 20 世纪二三十年代，龙头街已经趋于"西化"，没有留下姓名的摄影师拍摄了其中最繁华的一段。这一瞬间的定格，无意中为后来人欣赏这条老街提供了历史比对的依据。

从轮渡广场到福建路口（有的门牌还写着龙头路或鹿礁路），龙头路已经大部分被拆除翻建成"三友假日商城"。还好拆旧建新没有继续蔓延，到龙头路100号戛然而止，我们才得以站在街头看到与老照片中影像相差无几的场景。已近百年，欧式窗户和舶来的栏杆还是那么纯粹，沿街店面也隐约可辨，那时外国水兵会选择在这里留影，今天我们不妨也可以来一次街拍。

把镜头推近，拍下几个细节，夹进记忆的书页。

鼓浪屿的风情画，就从这里开始……

■ 龙头路，华灯初上更加迷人 （高振碧 摄影）

寻找"厦门塔"

□ 文 / 张忠勇

塔，在我们这个佛教盛行的国度里人们并不陌生。这种有着特有形式和风格的中国传统建筑，大多以风水的名义存在。而在福建的沿海地区，塔，自古以来就发挥着航标的作用。

厦门作为福建的一个海港城市，自17世纪初就被外国人所熟知。而被作为航标的塔在厦门历史中是否存在，这个问题曾困扰着笔者多年。

■ 嘉庆三年（1798年）《同安县图》局部 （张忠勇 提供）

■ 1868年,恩斯特·奥尔末拍摄的"厦门塔"实为漳州龙文塔 (高振碧 提供)

    我国历代编修地方志在卷首附舆图已成体例,舆图绘制出疆域、山川、河流和主要建筑,是文史专家研究行政区域变化和老地名沿革的主要文献之一。据清道光《厦门志》载:"虎山,在二十一都,城东三十里。山形俨然一虎蹲踞,因名(《鹭江志》俗呼虎仔山)。其势北拱同安。万历初,建塔于上,为水口捍门。"据说塔早就有,到万历年间因多次遭雷灾而重修。然而,这座建于虎山的虎仔山塔在道光《厦门志》的舆图中并没有其"踪影"。只是出现在《嘉庆同安县志》的舆图里。难道这塔没得到编修者的青睐?

    2011年,由英国著名老照片藏家泰瑞·贝内特出版的《中国摄影史1842—1860年》中文版在国内发行,书中收录了一张标注为"厦门塔"的老照片引起笔者注意。

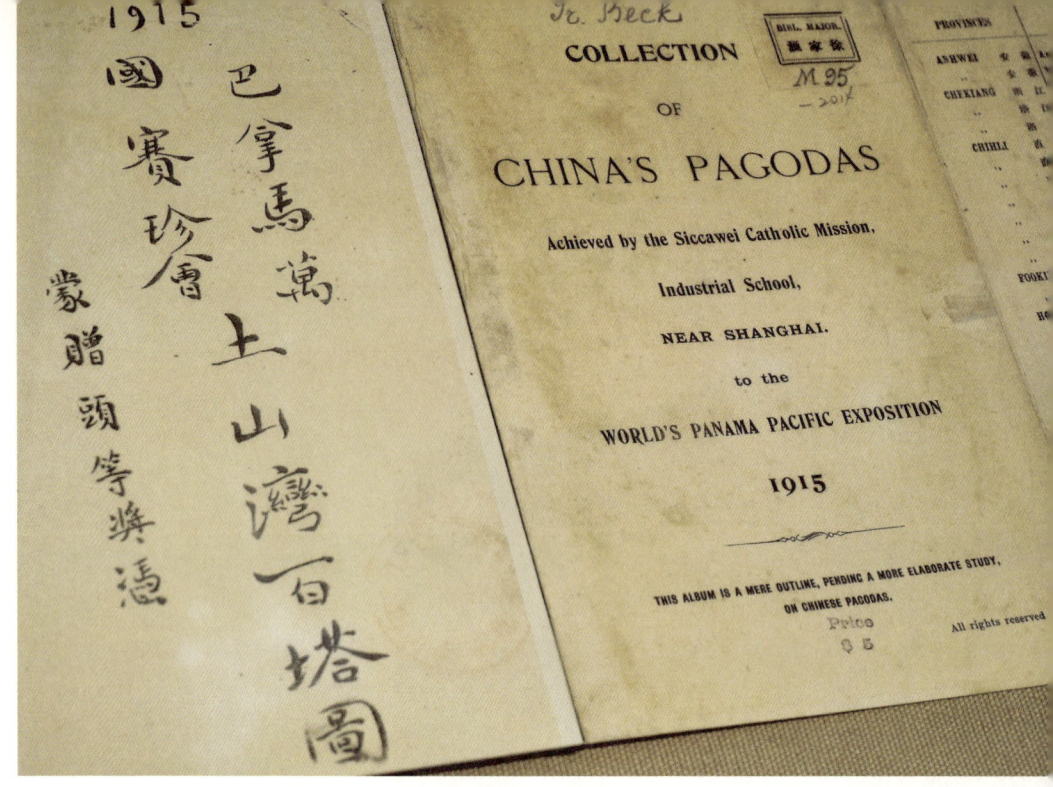

■ 上海土山湾孤儿工艺院木雕百塔获 1915 年万国赛珍会头等奖

1868 年由德国摄影师奥尔末（Ernst Ohlmer）拍摄名为"厦门塔"的照片经笔者考证，实为漳州的龙文塔。据清光绪《漳州府志》：龙文塔，在龙溪学宫前龙文山，雍正十年（1732 年）邑绅林编捐赀重修。

前不久，资深人文纪录片导演高振碧老师发现 1915 年出版的《中国参与巴拿马太平洋博览会记实》，扉页上写着："巴拿马万国赛珍会土山湾百塔图蒙赠头等奖凭"。书中收录了当年参展留下的 82 座木雕古塔图集，这些按比例缩小制作的古塔模型，全部出自"上海徐家汇土山湾孤儿院"所属工艺院孤儿之手。他们在中华名山大川、古城胜地数百座宝塔中甄选出形态迥异、具有代表性的一百座宝塔。其中一座编号"18, Amoy"的木雕缩微古塔就是"厦门塔"。图中塔为四角七层重檐结构，下方用英文标注"Top of the Hill"（山顶上），高度"65 ft"（65 英尺，即约 20 米）。

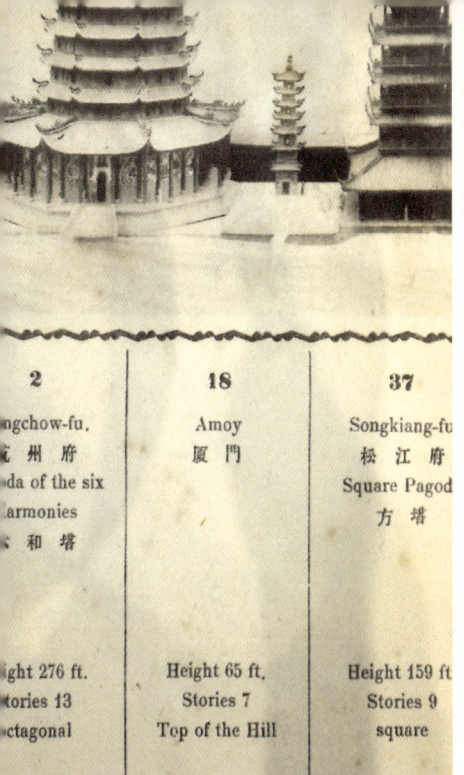

■ 土山湾《百塔图》中"厦门塔"　　■ 1912年，毕腓力著 In And About Amoy 插图（张忠勇 收藏）

　　厦门周边的古塔不少，方形建筑结构的塔屈指可数，能被外国人认定为航标的"厦门塔"非南太武"延寿塔"莫属。据毕腓力在1912年第二版的《厦门纵横》（In And About Amoy）书中记载：如果乘船到厦门城，进港时你首先会注意到附近山顶上有一座大约50英尺至60英尺高（约15米至18米）的石塔。它的名字叫"南太武塔"，意指"南方武卫"。厦门周边地区大大小小的塔为数众多，其中有些已经倒塌。"南太武塔"因比其他的塔雄壮而引人注目，无论你走到哪里都能看到它，好像它老是跟着你似的。它所在的山有1700英尺高（约518米）。书中还附有百年前延寿塔的老照片。另清道光《厦门志》亦载："太武山，在海澄县东五十里，属漳州，为厦门外障。""有石塔工致，即延寿塔，中可坐数十人，高数仞。海中归帆，望以为标。"

厦门四面环海。东有泉之右臂金门，南有漳之太武，两者互为犄角。厦门地处漳之咽喉，历来为兵家之重。一张藏于美国国会图书馆由中国官方绘制的清同治三年（1864年）《海疆洋界形势全图》，把沿海各地的港口、河道、城隍及航标标出，内陆相对简略。从图中可看出，漳州有南太武塔，金门有北太武塔。两座塔像武士般守卫在厦门外港两旁。然而，"塔于1967年战备时拆毁"，航海人"望以为标"的延寿塔，现仅"存塔基残址和绍定壬辰碑额'普明延寿之塔'。"（均见1993年版《龙海县志》卷三十一《文物名胜·岩胜迹》）厦门港从此失去了一座地理人文地标，着实令人扼腕顿足！

清同治三年（1864年），《海疆洋界形势全图》局部　（张忠勇 提供）

被"活埋"的大船坞

□ 文/梁忠军

1859年2月12日，在华出版的英文报纸《北华捷报》（North China Herald）第二版刊载了一篇《厦门船坞启事》：

■ 1858年，英国人开办的石砌"厦门大船坞"（何丙仲 提供）

本公司董事敬启各位船商、造船所有者、船主以及社会公众各界，厦门船坞有限公司将于五月一日开业，届时将对外承接船舶业务。厦门船坞……将以最优惠之条件为船只维修提供便利。

　　本公司由经验丰富之经理全权领导，一批又一批素质较强的船匠、铁匠将不断充实本公司之职工队伍。

董事之名誉秘书：包玉德（T.D.Boyd）

一八五九年二月二十二日于厦门

　　厦门船坞有限公司（Amoy Dock Co.）的建立，比1866年左宗棠在福州马尾成立的"福建船政局"早了七年，是鸦片战争后西方国家在福建建立的首家工厂，英国人马丁在文章中称："这是中国机器工业之第一株幼苗"，厦门本地人称之为"大船坞"。

　　大船坞最初建在厦门的英国租借地"海后滩"附近的海滨浅滩上，初创时拥有两套简单的勘验船底的设施，并在鹭江岸畔北侧兴建了一座300英尺长、60英尺宽（约91米×18米）的花岗石干船坞，起先只经营帆船和小汽轮的修理兼售造船材料等业务。

被"活埋"的大船坞

1892年，厦门船坞公司改组，由太古洋行、怡和洋行、德记洋行、和记洋行、荷兰轮船公司集资组建，其在香港注册的分公司更名为"英商厦门新船坞有限公司"（The New Amoy Dock Co.Ltd），股本为67500万美元。董事会由5个洋行派人组成，当时厦门富绅叶崇禄、傅政、黄书传等都是该公司的股东。

改组以后的厦门新船坞有限公司在厦门岛筼筜港南岸帆礁附近（今厦禾路）建立了能修长达310英尺（约95米）船只的新船坞，坞塍、坞底全部是用石条砌成，故有"石塍船坞"之称。还兴建了机器厂、炼冶厂、锅炉房、铁工和木工等工厂，这些厂房"都装配着现代机器"。

■ 厦门新船坞有限公司的机器设备和厦门工人 （何丙仲 提供）

■ 清末，鹭江上看到的厦门大船坞 （高振碧 收藏）

　　英国埃氏大不列颠出版有限公司出版的《二十世纪香港、上海及中国其他商埠志》，曾对厦门新船坞公司有过专门记述：厦门新船坞公司主要经营船舶、机械、动力机器、船体、锅炉的建造和修理以及铁铸造等业务。公司拥有200名的优秀工匠，能进行各种船舶的修理。此外，如因生产急需，可随时雇佣到富余的帮手。

　　尽管厦门新船坞公司不是清政府的官办企业，与洋务运动也没有关系，但它是当时中国国内最早拥有近代先进技术的造船厂的这个史实，是毋庸置疑的。

■ 厦禾路与鹭江道交会处的大船坞遗址，已有高楼拔地而起 （高山 摄影）

在中国历史博物馆清代馆的近代工业陈列厅中，有一巨幅照片，内容就是1870年前后英商厦门新船坞公司生产车间的情况。从照片中机床的运转、操作工人的安详沉着、齿轮与零配件叠放有条不紊的状况中，可以看出厦门第一代产业工人技能的熟练程度。

经历了一百多年的沧桑巨变，如今这个见证厦门船舶工业发展过程的大船坞在城市改造与房地产开发的大潮中已被填埋在厦禾路下，不知是否还有重见天日的那一天？

演武场上看赛马

□ 文 / 郑俊明

■ 1868年,跑马场观礼台,后面是南普陀五老峰 (蓝添艺 提供)

现代赛马运动起源于英国,是一项历史悠久的户外体育赛事,而根据牛津大学出版社1983年出版的《中国赛马》(China Races)中记载:厦门赛马为中国大陆洋人赛马之始。

■ 1904年，鼓浪屿赛马会的获胜者 （颜松基 收藏）

1840年第一次鸦片战争爆发，1841年8月英军攻占厦门，留下500余名士兵和3艘战舰驻守鼓浪屿。1842年《南京条约》签订后，厦门被辟为"五口通商"口岸之一，英国驻军随即在鼓浪屿修建了跑马场，并于当年秋季举行了首次赛马会。从1843年到1868年，随着赛马活动快速发展，赛马场也从鼓浪屿改到厦门岛的海后滩，

后来又迁移到演武场,即今天厦门大学群贤楼群及演武操场一带。一百多年前这里是一大片开阔的平地,自明清以来一直作为军队练兵的演武场。明末郑成功挥师北伐之前曾在此选将练兵。至清末,这里依然是武营操练的场所。厦门开埠后,随着赛马规模不断扩大,洋人们就向武营租借这片开阔的场所用来赛马。每次赛马都会邀请水师提督、兴泉永道、厦防分府等驻厦的清廷官员以及地方名流到场观看。

■ 1871年,约翰·汤姆森拍摄的厦门赛马会,观众席左侧有不少中国官员 (高振碧 提供)

大部分的赛马比赛安排在一年的年末、年初举行。赛马的奖杯名目繁多，许多奖项都是由在厦经商的洋人自行出资捐钱设置。比赛结束时，奖杯还会刻上马主、骑手以及马驹的名字，作为纪念。赛马期间，还有赌马。赛马场的外围赌场林立，五花八门。赛马一开始，就会出售马票，马票分为"温拿"和"皮里是"两种。"温拿"是第一名，奖金较多；"皮里是"是一、二、三名，奖金较少。

■ 19世纪80年代，厦门演武场赛马的情景　（紫日 提供）

有关跑马场最后的结局，民国《厦门市志·大事记》只写道："光绪三十四年（1908 年），停止跑马。"至于为何停止跑马并未说明。文史专家洪卜仁先生考证后认为：由于厦门茶港地位下降，茶叶贸易大量流失，导致举办赛马比赛的洋人们缺钱，最终被迫中止了赛马比赛。

至 1921 年，著名爱国华侨领袖陈嘉庚先生选中了这一块地，建起了中国近代教育史上第一所由华侨创办的大学——厦门大学。从此，这块明末郑成功的演武场，曾经的洋人跑马场，终于迎来了一群怀抱复兴中华梦想的热血青年。

■ 1868 年，厦门赛马会安慰奖杯（高 21.5 厘米）（高振碧 提供）

美国舰队到访厦门

文 / 洪凯杰

1907年,在时任美国总统西奥多·罗斯福的支持下,美国海军派遣一支由1.4万官兵、16艘精锐战列舰和7艘后勤保障舰组成的舰队(因舰体白色,俗称"大白舰队"),进行了一次环球"海军外交"。1908年10月30日,美国舰队第三、第四分队共8艘舰船到达厦门港,开始为期6天的炮舰外交秀。

被八国联军打懵了头的清王朝，对美国获得国会及参、众两院通过把部分"庚子赔款"退还中国，赞助中国教育一事感激涕零，因此对美国舰队造访可谓倾其所能、空前热情。1908年5月，厦门作为清政府指定的中国唯一接待港口，就开始着手准备接待事宜。修整厦门街道，修葺寺观名胜，搭建彩棚、彩坊，修建码头。商会则招募商户，筹集地方土特产品准备商品博览会。

■ 1908年10月30日，美国舰队抵达厦门港，开始为期6天的访问 （洪凯杰 收藏）

■ 1908年10月，清政府在厦门演武场搭建牌楼和会场，欢迎美国舰队来访 （洪凯杰 收藏）

  厦门是台风多发的港口，虽然已到秋冬交替时节，但是演武场面对台湾海峡的风口，用席棚搭建而成的能容纳3000人同时赴宴的迎宾馆宴会厅，还是在10月12日和10月13日两次被台风吹毁，厦门地方当局不得不调派官兵突击排险重建。当时，厦门百姓还是使用煤油灯或豆油灯照明。为把演武场主要迎宾场地临时搭建的规模宏大的会场及景点装扮起来，施工人员安装了5000盏电灯并配置了专门发电机。发电机是派轮船从天津港装运南下的，这也是厦门历史上第一次点亮了电灯。据统计，清政府为这次接待活动花费近50万两白银。

1908年10月30日上午，军机大臣毓朗、外务部尚书梁敦彦等清廷官吏站在演武场彩楼旁，隆重迎接来访的美国舰队。南北洋海军总理兼广东水师提督萨镇冰率领"海圻"号、"海容"号、"海筹"号、"海琛"号4艘巡洋舰，以及"飞鹰"号驱逐舰等6艘中小舰只出港迎接。

■ 1908年11月3日清晨，停泊在厦门港的美国舰队"弗吉尼亚号"（VIRGINIA）（高振碧 收藏）

■ 在厦门演武场专为宴请美国舰队官兵而搭建的宴会厅 （陈亚元 收藏）

当晚，毓朗、梁敦彦等朝臣在厦门演武场的宴会厅宴请美国舰队司令伊摩利（旧译额墨利）将军及官兵代表。摆设的是西式的长台，上方饰挂彩带，为美国大兵营造"宾至如归"的氛围。让今人意想不到的是，宴宾菜单上还有一道闽南"土笋冻"！

■ 1908年，美国舰队访问厦门期间，清政府赠送给舰队军官的景泰蓝花瓶 （林以诺 收藏）

清政府向美国舰队各舰赠送大小银杯各一件,大件赠本船,小件赠舰长,杯体用中英文镌刻:"大清国政府特赠大美国某船某船主以为军舰到华之纪念"的字样。而到访的海军士兵则获赠景泰蓝花瓶。

为留住中美第一次和平外交佳话,这项奇特的活动被镌刻在南普陀寺后山摩崖之上,一百多年了任后人鉴评:

■ 1908年,清政府赠送美国舰队指挥官的"厦门·1908"字样的景泰蓝纪念对瓶及景泰蓝纪念盘,瓶通高31厘米,盘直径26.5厘米 (陈亚元 收藏)

■ 1908年10月27日由厦门寄往美国的明信片，提及美国舰队抵达厦门的时间和舰船数量 （洪凯杰 收藏）

　　光绪三十四年（1908年）冬十月，大美国海军额墨利提督座舰"路易森那"号、"乏瑾昵呵"号、"呵海呵"号、"咪率梨"号全石乐达提督座舰"喊士肯轮"号、"伊令挪意司"号、"肯答机"号、"凯尔剎区"号来游厦门。

■ 南普陀后山存有光绪三十四年（1908年）冬十月，美国海军舰队访厦的题刻（高振碧 摄影）

我政府特简朗贝勒、梁侍郎、松制军、尚方伯、海军萨提督带领"海圻""海容""海筹""海琛"四舰及阖厦文武官绅在演武亭开会欢迎，联两国之邦交，诚一时之盛典，是则我国家官绅商民所厚望者也。

从海后滩到鹭江道

□ 文 / 高振碧

古早时,厦门岛与鹭江相拥处有一段坡缓、水浅、滩宽的岸线,先民们给它一个乳名叫"海后滩"。

■ 清末,厦门退潮后的海后滩 (高山 收藏)

■ 1899年，厦门外滩（AMOY BUND）（高山 收藏）

  与海滩相邻的那条晴天尘土飞扬、雨天坑洼泥泞的狭小道路，因在海的后头，则被称为"海后路"。

  鸦片战争后，厦门成为"五口通商"口岸之一。英国诉诸武力就是为了倾销他们的商品，掠夺中国的资源。清咸丰元年（1851年），英国人强占厦门岛从岛美路头（今中山路与番仔街交会处附近）到新路头（今鹭江道厦门海关后，新路街大同路交会处附近）一片临海的滩地，以"租借"的名义，在这里开设洋行、栈房，启建洋人眷属住宅。到清同治年间（1862—1874），他们又挖空心思把地盘从新路头向北扩张至磁街原漳嵩铁路公司（今鹭江邮政支局、磁巷一带），图谋设立"英国租界"。

从海后滩到鹭江道

19世纪末，外国人开始把点缀着欧陆风貌建筑的海后滩称为"厦门外滩"。当年的一张明信片上印有1899年9月22日拍摄的一幅照片，展示了厦门外滩涨潮时的情景。影像下方印着一行洋文，其中就有"AMOY BUND"（厦门外滩）。一百多年前，太古轮船公司厦门"太古栈"、英资香港汇丰银行厦门分行、本港民众祀奉天后妈祖的潮源宫等在这里排列在一起，"厦门外滩"成了对外贸易和中西多元文化交融的窗口。

这期间，厦门人捍卫国家主权、收回海后滩租借地（亦见1930年民国

■ 20世纪30年代，厦门实业家在鹭江畔创办的自来水公司和旅馆 （高山 收藏）

■ 21 世纪的鹭江道 （高山 摄影）

外交文书称"厦门英租界"）的斗争从来没有停止过。

厦门市鹭江道的成名很晚，1926 年 8 月，鹭江靠厦门岛一侧的堤岸开始修筑，1927 年，又在新填筑的堤岸上修建沿江道路，由北向南从"大船坞"（原厦门造船厂，现鹭江道厦禾路口）经开元路口、大同路口、中山路口至晨光路，1931 年道路竣工，因与鹭江相伴，新马路得名"鹭江道"。厦门的实业家们也大手笔投入海后滩的改造建设，鹭江之滨象征民族资本崛起的商用楼宇犹如雨后春笋，厦门步入了现代都市的行列。

20世纪80年代开始,改革开放使厦门结束"前线城市"的临战状态,鹭江道步入飞速发展的快车道。改扩建后的鹭江道北面与湖滨南路、厦禾路连接,南面与镇海路、环岛路相通。废弃数座码头换来海滨公园等大片绿地,路穿花过,花在路中,浪涌脚下,人行海中,从海后滩到鹭江道,百年蜕变,风采更加迷人。

■ 百年前房屋低矮的厦门外滩,如今已是高楼林立的城市风景线 (高山 摄影)

■ 2015年，夏季的鹭江道 （紫日 摄影）

"天一楼"何处是真身

文 / 杨羽翔

问起"天一楼"在哪儿？大多老厦门指向思明西路原政协大厦后方天一楼巷中的一座精美的红砖楼。这座大楼由同安石浔的吴文屋、吴清体两兄弟建造，落成于1931年，实际名为"庆让堂"。大楼外观巍峨挺拔，气势不凡，精雕的花岗岩基座，闽南红砖墙体，堆塑的西洋花式窗楣，加之半圆形探出式的门庭及阳台，展现出精美的中西合璧的建筑艺术风格。

■ 庆让堂老照片记录其落成时间为民国二十年（1931年）（曾谋耀 提供）

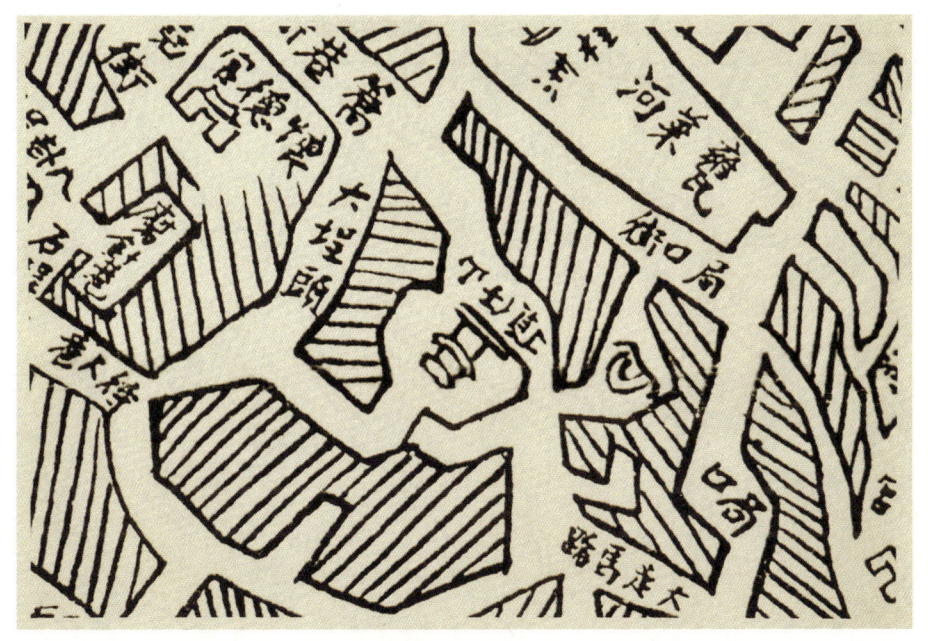

■ 清同治年间（1862—1874），在厦门地图上"山仔顶"有小庙图标　（杨羽翔 提供）

其实，真正的天一楼就在离它不远的山仔顶一号，一座建于岩石之上的八角八面亭形的小庙，又称"威灵殿"。

关于这座小庙的历史，其具体建筑年代已无从可考，在清同治年间（1862—1874）的厦门地图中，在山仔顶位置画有一座建筑，正是这座小庙。在1908年的厦门城市地图中，此处即可见"天一楼"的地名。可见，在庆让堂建造之前，此处已有"天一楼"存在。民国时期，厦门庙宇普查中有简要记载："威灵殿，供广泽天王，山仔顶（天一楼），5.8平方米。"

天一楼虽不大，但建筑结构在闽南地区较为少见，其屋顶是八角歇山顶式，建筑平面呈八面形。庙宇向北的三面门柱上都刻有对联，记录了主

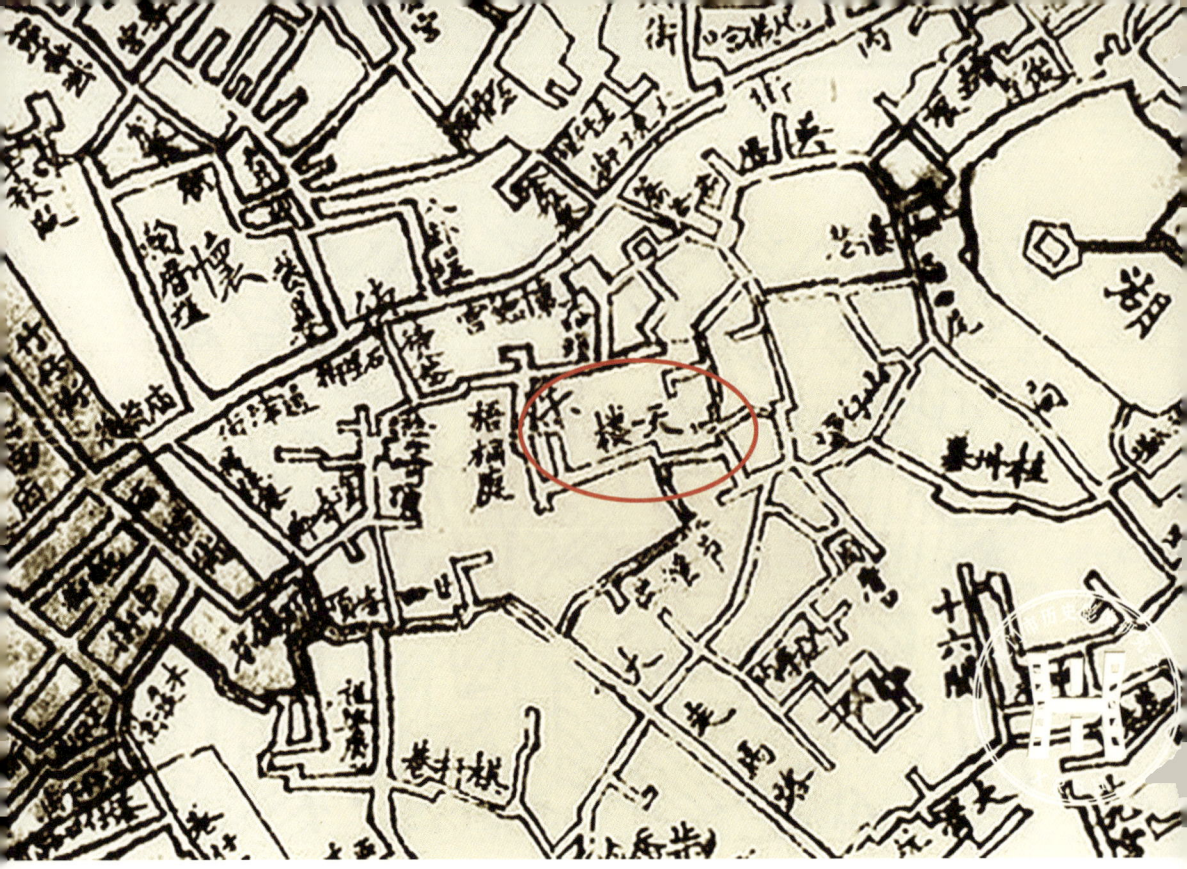

■ 1908年的厦门街巷图中已有"天一楼"这个地名 （杨羽翔 提供）

奉的神明及建庙的来龙去脉。庙宇朝北的墙体上绘有讲述古代民间传说的壁画。正门上方刻有"威灵殿"三字。庙内吊顶原有一八卦阵的图案，可惜因年久失修而损毁。庙前石头的斜面处经过岁月磨砺变得光滑无比，常有孩童把这当滑梯，是附近孩子们嬉戏游玩之所，久而久之此石头又有一戏称——"跙尻川石"（厦门方言，即蹭屁股石之意）。

■ 1938年，日本人宫本延人拍摄的照片中有难得一见的天一楼（威灵殿）的旧影（杨羽翔 收藏）

传说岩石下方有一蜈蚣穴，古时有蜈蚣精在此作怪害人。当地有南安移民回乡请了擅克蜈蚣精的广泽尊王（俗名郭忠福）前来除害，故在岩石上筑八卦形制庙堂以镇蜈蚣精。据说后来蜈蚣精成为广泽尊王部下，全境平安无事，八卦庙宇逐渐香火鼎盛。可惜"文革"开始后天一楼荒废至今，一度成为社办工厂。庙宇外观、结构遭到了严重的破坏。

直到 2014 年，天一楼经街道修缮后，由本土文创团队打造成为一个以

■ 未改造前的天一楼（威灵殿）旧影 （杨羽翔 提供）

文汇友、以茶传情、以物论史的老厦门文化驿站——"天一书殿"，天一楼终于又重新开始焕发光彩。

■ 天一楼（威灵殿）今貌 （杨羽翔 提供）

再说"天一楼"

□ 文/高振碧

"厦门记忆"系列历史影像专题展开始没几天，展厅里来了一位长者，对着《真假"天一楼"》展板上一幅民国时期合影仔细端详，并情不自禁地向身边的人讲起"天一楼"的故事。经了解，他叫吴

■ 天一楼巷 21 号门楼 （高振碧 摄影）

在聪,年近八十,是吴德润(又名吴文屋)的嫡孙,"吴庆让堂"的第三代后人。

民国二十年(1931年)"吴庆让堂落成暨德润先生五(伍)拾寿辰家族全体合影纪念"照,吴在聪母亲原存有一张,由于长时间压在桌台玻璃下,不慎受潮毁容。时隔几十年,在展厅里看到这张珍贵的家族照片,阿公、阿妈、伯公等三十多张熟悉的面孔,勾起了他年少时的许多记忆。

吴老是感光材料高级工程师,参与了厦门经济特区彩色感光材料升级换代的进程。在他的印象中,祖辈大字不认识几个,只能勉强辨认自己的名字和数字,是同安老实巴交的讨海人。整天划着小舢板在鹭江上飘摇摆渡,勤劳和诚实是他们一生的财富。也正因为这样,才有后来吴氏两兄弟奉还英国亚细亚煤油公司洋人渡客遗失行李,进而碰到了机遇改变人生轨迹,发家致富的传奇故事。那栋有着60多间房的3层洋楼——庆让堂,是吴氏兄弟人生旅途的里程碑。

市民与展览的互动出现意外的场外延伸。吴在聪先生认为"天一楼巷21号" 他家的老房子,才是真正的"天一楼",并晒出家藏老房契以证真伪。清乾

■ 民国十六年(1927年)卖屋契书关于房产地址的记录 (吴在聪 提供)

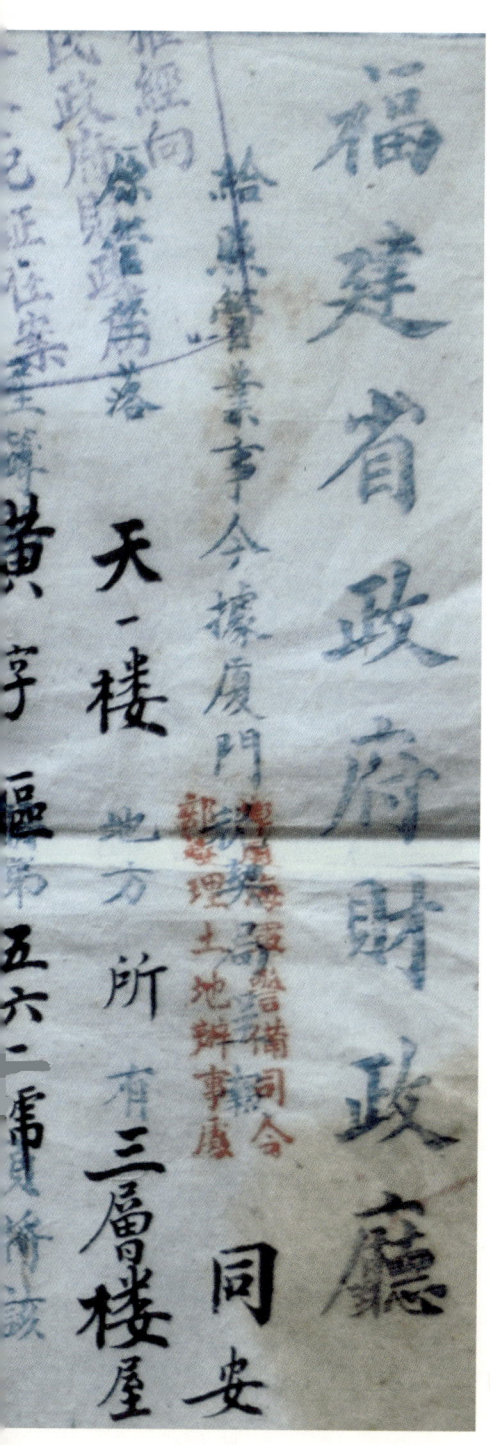

隆四十三年（1778年）的皮棉纸带着无数历史的褶皱，夹带着早时"房契"的信息："瓦厝壹座式（贰）进，坐西向东，坐落厦门和凤后社岐西保土名梧桐埕"。民国三年（1914年）有过一次黄姓业主向吴吉人转让的登记，房产坐落标明思明县"岐西保梧桐埕"。民国十六年（1927年），吴清体、吴文屋两兄弟已是腰缠万贯的富商，谋划举家团聚过安居乐业的好日子，便买下吴吉人后人的上述房产。这时，契约上这么描述："大厝一座，址在和凤后保土名山仔顶，天一楼边。坐西向东，门牌壹拾伍号至式（贰）拾号止。"六套老宅作为日后吴庆让堂的基业，就在"天一楼边"。民国二十一年（1932年），漳厦海军司令部整理土地办事处签发给吴家的"第五六二号"房产执照，方位"坐落天一楼地方"，四至范围"东北至天一楼"。20世纪50年代，盖有厦门市人民政府梁灵光市长名章的"继承纸契"，最终确认吴家房产坐落"天一楼21号"，沿用至今。

■ 民国二十一年（1932年）第562号产簿执照（局部）"天一楼地方"（吴在聪 提供）

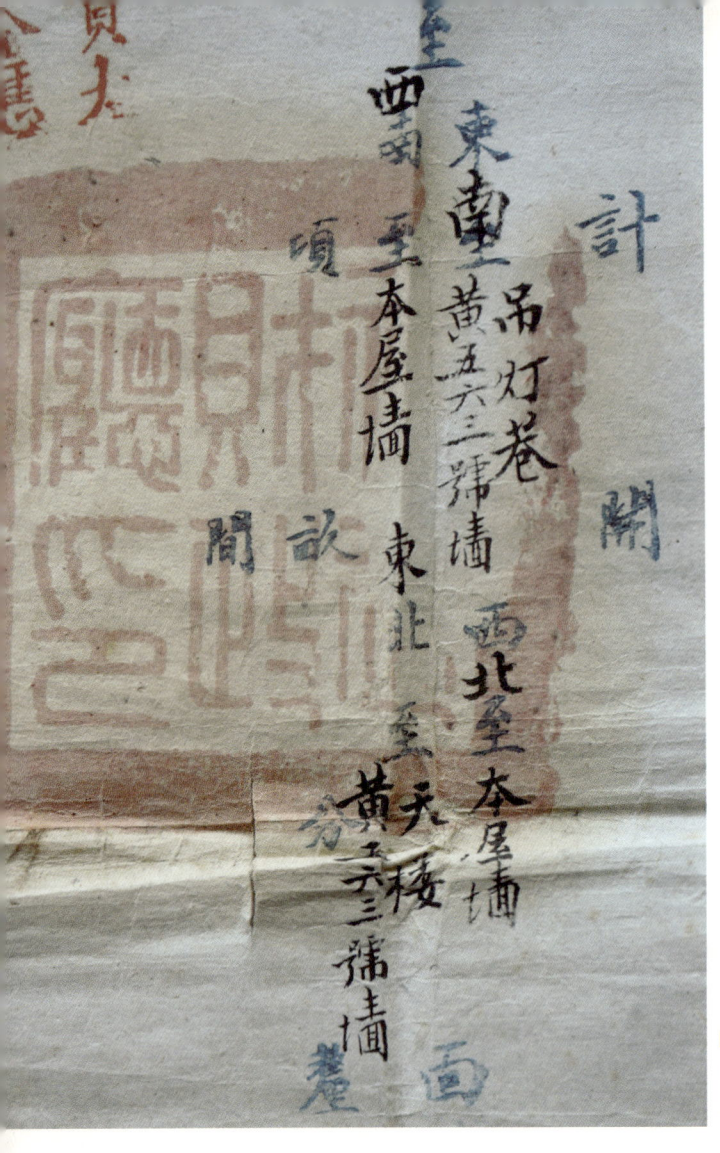

民国二十一年（1932年）第562号产簿执照（局部）四至标注"东北至天一楼"（吴在聪 提供）

　　北京图书馆所藏1908年版《厦门城市全图》，"天一楼"已作为地名标注。这里的"天一楼"实指什么？期待出现新的佐证。2005年，曾有人在媒体上发文，指"天一楼"系"天一信局"，实为查无实据的误导。披露上述史料或许有助于读者及地方文史专家解读"天一楼"真身。

厦门现代城市建设的开端

□ 文 / 蓝添艺

1926 年，鲁迅到厦门大学任教，日记里记录，"抵厦门……即雇船移入厦门大学"，"往南轩酒楼午餐，下午雇船归"。那时，厦门大学到市区的交通不便，如果不搭乘小船，那只能翻越镇南关穿行于坟墓成片的山地（今大生里一带）。据说鲁迅对当时厦门城外的"臭水塘"（即蕹菜河）以及镇南关外成片的"荒冢"深恶痛绝，曾向主持厦门市政建设的周醒南提过改造建议。

■ 20 世纪 20 年代，从厦门市区到厦门大学要穿过大片墓地 （高振碧 收藏）

■ 1929年12月版《厦门岛全图》（局部），厦门市区路网、社区规划清晰可见
（高振碧 提供）

经郑成功父子几代海商集团的经营，厦门成为东南沿海重要的贸易中转港和军事基地。1843年，成为"五口通商"口岸之一后的厦门更是呈现"近城烟雨千家市，绕岸风樯百货居"的盛况。但有传教士记载描述："在这里，我们目击古怪的情形，耳闻奇怪的嘈杂声。通过弯曲与极端狭窄的街道，登上石阶，穿过泥污……你简直想不到这些街道是多么令人发呕。"如民国《厦门市志》所载：街市狭窄，且污秽不堪，熏蒸潮湿，疫疠时作。从19世纪欧洲摄影家拍摄的许多影像中，也可以窥见厦门当时的脏乱。

1920年，厦门士绅林尔嘉、黄世金等发起成立厦门市政会。后来，厦门地方当局也相应成立市政局。

1924年，林国赓任漳厦海军警备司令部参谋长，1927年出任厦门市政督办公署督办，全面介入厦门市政建设。任命美国芝加哥大学法学博士、厦门大学法科主任黄开宗为法律顾问，任命曾在广州、汕头、漳

■ 1929年4月，鹭江道第一段路基 （高振碧 收藏）

州等地主持城市改造的专才周醒南为市政会、路政处、堤工处的会办。周醒南花了一年多的时间勘察地形，制订出"整体规划，全面改造；开山填海，扩大地盘；筑路建房，滚动开发"的改造方案，部署厦门新区的规划、建设和施工，开辟马路，围筑堤岸，兴建市场，建设公园。市区主干道规划为"一横四纵"：一横为贯通浮屿至南普陀的思明北路、思明南路；四纵从北到南分别为厦禾路西段、大同路、思明东路和思明西路、中山路和中华路（原名树庄路，今并入中山路）；路网布局，码头、市场设置，显现都市化经营。此外，尤其值得点赞的是周醒南还开创引入市场经济的模式筹集资金，大量民间游资和华侨资本参与市政建设。林、周二人以军方为后盾，华侨资金为实力辅进，做法极具前瞻性。自此，"旧时街市全部拆毁，重新起盖，华丽堂皇，远胜各都市"（见民国《厦门市志》卷四《山海志·街市》）。

■ 1929年，海军司令部前之中华路 （蓝添艺 提供）

■ 1931年，第一段鹭江沿堤景况 （蓝添艺 提供）

■ 中山路东段（原中华路司令部口）纯正的20世纪30年代风貌建筑 （高振碧 摄影）

片光鳞影映照"小岛大时代"的盛况。《厦门新建设影片》，这本1931年周醒南送给"华侨商业考察团"的相册，在厦门近代城建史上留下弥足珍贵的篇章。

■ 鹭江道几经改扩建，现在仍可见到20世纪早期的欧式建筑　（高山　摄影）

■ 历经 85 年风雨，中山路依旧散发着诱人的气息 （高山 摄影）

近代马路之"开元"

□ 文/郭崇江

厦门,干净整洁的街道,富有韵味的古街地名,为这座城市平添几分魅力。

作为近代"五口通商"的口岸之一,很难想象民国初年的厦门却是另外一幅场景:"市集不洁、住屋又多、空气恶浊,每为中外人士所诟病"(见《新兴的厦门》)。1919年秋,在商贾士绅推动下,倡议开辟马路,改造市容,为此"成立了称作市政局的道路管理机构,局长为林尔嘉。市政局在地方当局的许可下制定有关修建城市马路的计划"(见《近代厦门社会经济概况》之《海关十年报告(1912—1921)》)。

■ 1927年版《厦门城市第一期道路规划图》中的开元路

■ 20 世纪 20 年代，厦门市区第一条现代城市道路"开元路"（高振碧 收藏）

  史料记载，1920 年，近代厦门第一条马路开始实地测量，以提督路头为起点，沿提督街横过竹仔街，至浮屿角，全长 0.7 公里（一说为 0.806 公里，见民国《厦门市志》），路面宽度为 9.1 米，两边人行道宽度合计 4.8 米，采用英国"马加顿"式设计，当年冬天开始修筑，直到 1924 年 3 月才建成并通行人力车（见民国《厦门市志》卷五《城市建设》）。费用方面，当时"耗资超过 200000 元，包括为拆除沿途房屋给予房主的补偿"（见《海关十年报告（1912—1921）》）。耗资较大的一个主要原因在于"该路线内有外国籍民房屋 10 余家。外国领事馆以保护籍民利益为由，出面抗拒征用，坚不迁让。市政当局只得提高收买价格，作为额外补偿，始得解决"（见民国《厦门市志》卷四《土地房产》）。道路建成后，当时厦门市民将这条路称为"新马路"。1926 年，改铺混凝土路面，因为这是近代厦门修建的第一条马路，定名为"开元路"。开元路路面硬化后，通行能力大为增强，从此前的仅

近代马路之"开元"

能通行人力车到可以通行汽车，在这一背景下，马来亚（在今马来西亚）华侨黄晴辉与冯开让、薛煜添、方炳坤等8人集资1万多银元，购买2辆小型客车，开辟从美仁宫至江头的第一条营运线路，这也是厦门第一次出现公共汽车。

作为近代厦门市政建设运动的肇始，继开元路之后，20世纪二三十年代又先后修筑了厦禾路、大同路、中山路、思明南路、思明北路等90多条（段）的新辟马路，加之新式码头、市场的修建以及中山公园的开辟，厦门市容面貌焕然一新，而开元路也成为当时较为繁华的商业街市。特别值得一提的是，对推动近代东南亚，尤其是新加坡中医事业发展做出重大贡献的吴瑞甫（厦门同安人）当年在厦门行医期间的医寓"退补斋"便位于开元路。

■ 20世纪30年代，开元路街景 （林耸 收藏）

■ 民国时期开元路商号广告（高振碧 收藏）  ■ 民国时期开元路茶行广告（陈亚元 收藏）

　　时过境迁，开元路已繁华不再，但作为近代厦门城市空间变迁的重要标志，你若漫步其中，感受老厦门的气息，想必更能让人领悟其名"开元"意之所在。

■ 21世纪一二十年代，开元路最能唤起乡愁的"五脚架"（高振碧 摄影）

■ 20世纪 30 年代的大同路。其间有南泰成百货和正大参茸行 （高振碧 收藏）

天下为公"大同"路

□ 文／高振碧

大同路于民国十五年（1926 年）动工修建，三年后竣工。它起自海后滩史巷，止于厦门城西门城边街（今新华路），全长 1099 米，宽 8.7 米，骑楼宽 2.4 米，柏油路面。这是继开元路之后在中心城区最早兴建的现代道路之一。由于它有前车之鉴，总体设计更宽敞、更平坦、更趋于笔直，在空间营运上更加温馨入时。为纪念孙中山先生"天下为公，世界大同"的崇高理想，这条新马路被定名"大同路"。

大同路建设的资金主要来自"侨汇"。那时，海外华侨把辛苦积攒的钱汇到闽南家乡，游资大量流入厦门。当时，市政当局也采用刺激性政策，统一规划、统一拆迁、独立建房。业主可以主导自己房产的设计，在统一骑楼建筑形式前提下，沿街立面因业主的财力、经历、审美不同，而呈现出丰富多彩的个性变化。

■ 大同路的窗饰充满南洋风情（高山 摄影）

■ 大同路 158—162 号窗饰 （高山 摄影）

新马路开建并不顺利，因沿途住有不少日本籍居民和仇视中国的日本浪人，这帮人一开始便要挟滋事、武力阻挠拆迁。1926年3月20日，民国漳厦海军司令部不得不动用海军陆战队介入，于是引发了一场外交纠纷。日本驻厦领事甚至扬言要用武力保护"日本臣民"。厦门市政会严词指出："拆卸房屋，中外业主一律待遇，最为公允，万无厚待籍民而薄待市民之理"，"万不能为日本籍民开一特别例"。此话一出，即受到厦门市民的支持。迫于舆论压力，日方只能接受与本地拆迁户同等的拆迁费了事。这段插曲起了一个很好的警示作用，厦门人推动城市建设的决心不可低估。

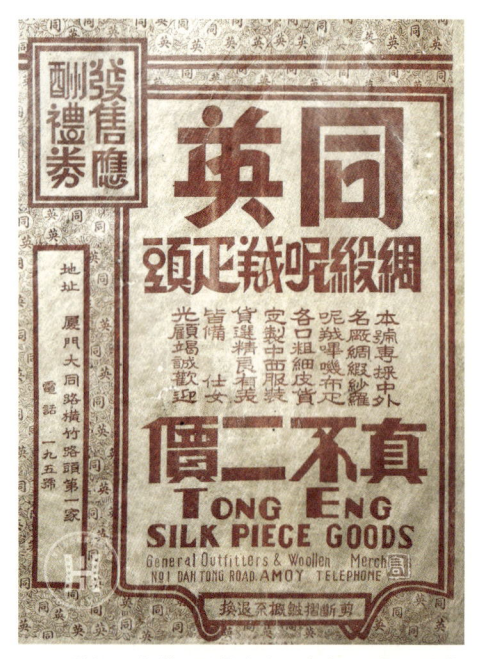

■ 20世纪30年代，同英布店的广告（高山 收藏）

■ 20世纪30年代，南泰成百货的广告（高山 收藏）

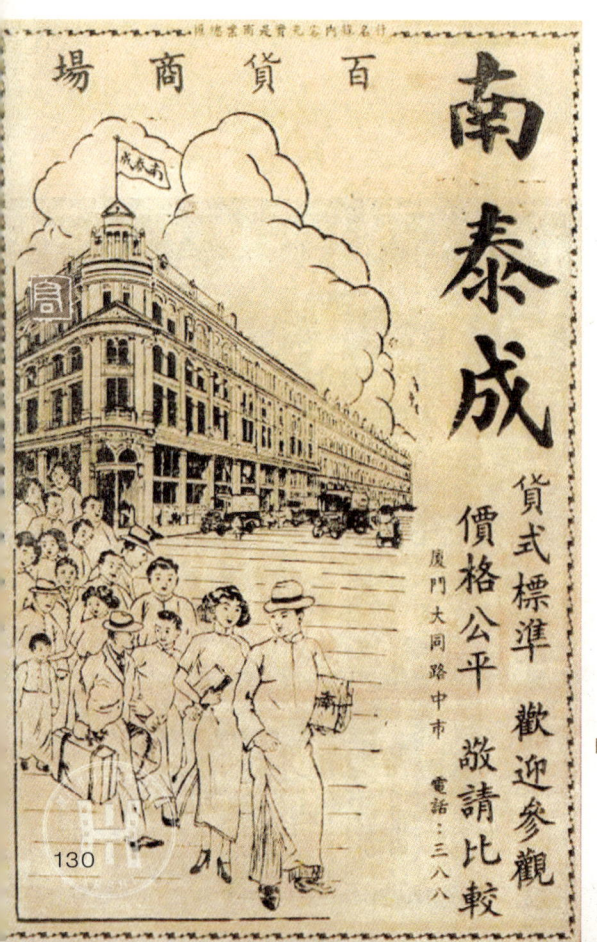

■ 20世纪50年代的大同路 （高山 收藏）

　　大同路由于靠近多座码头、货栈，毗邻海关，人货进出方便。据1931年《厦门指南》刊载，这里已经形成了洋行、南北郊行、百货、珠宝、绸布、参茸、五金、钟表、茶叶等零售批发商号聚集的业态。路口有豪华的大千旅社，往里是同英布店、建成百货、瑞芳西参行、光大参行四足鼎立，中段是南泰成、

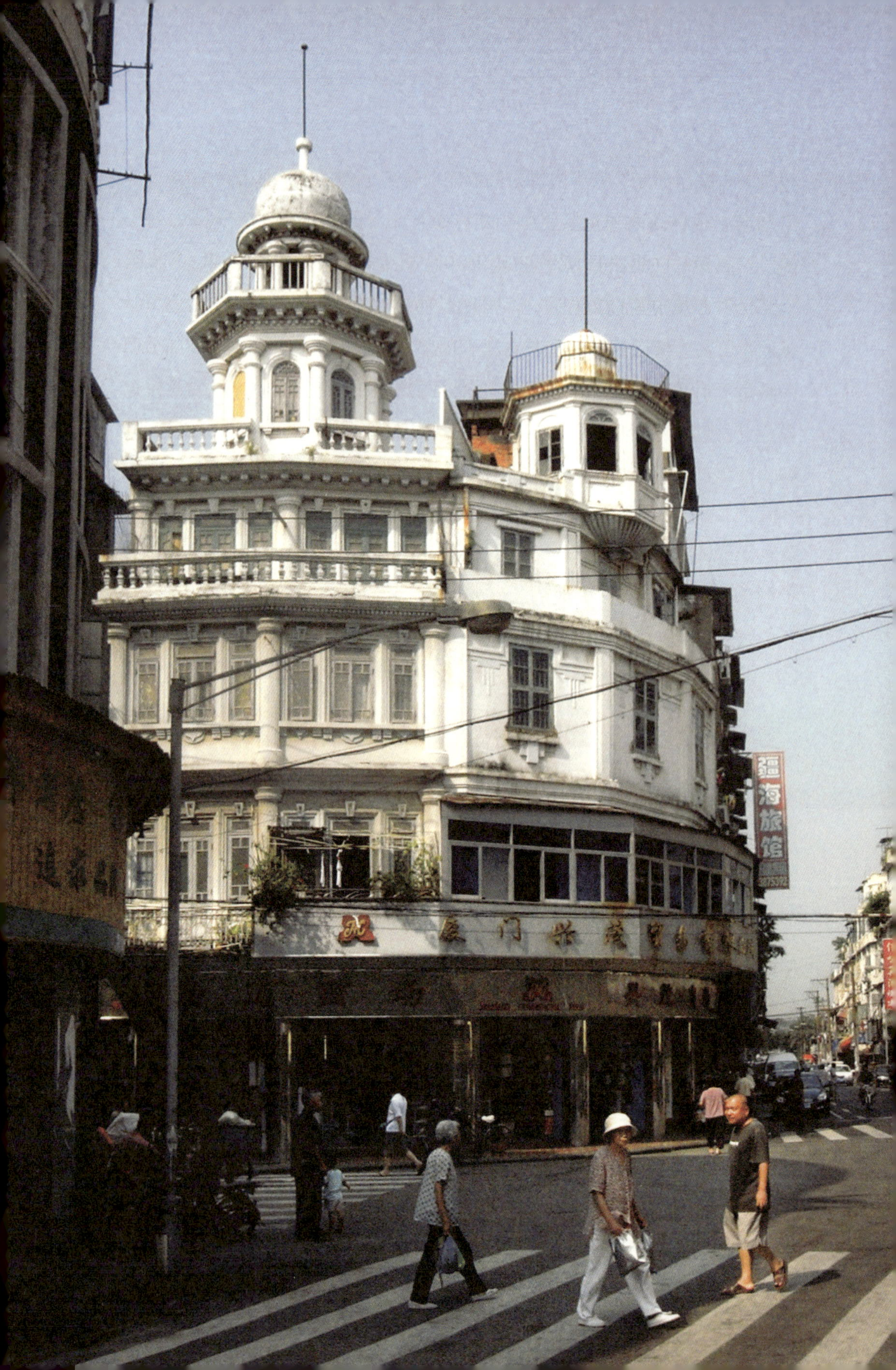
福海旅馆

永康成、捷克等大型百货店相邻相对，还有大同戏院及周边的菜馆、茶室、咖啡座。赶时髦的人会不顾车船劳顿，从内地颠簸到这里来尝鲜，东南亚的华侨返乡时也常慕名来采买伴手礼。1929年开街后相当长的一段时间里，这里是闽南地区的购物天堂，也是厦门的"门面"。

今天，大同路上仍然留有那个时代最具标志性的街头建筑，它是厦门城市年轮的印记。

■ 大同路横竹路口老城区标志性建筑 （高山 摄影）

从"浮屿"到思北路口

□ 文 / 杨羽翔

■ 清乾隆《厦门全图》（局部），浮屿与筼筜港的地貌清晰可见 （杨羽翔 收藏）

■ 民国时期的浮屿已是一番热闹的景象 （杨羽翔 收藏）

  浮屿的范围在思明北路与厦禾路交会处的十字路口一带，这里现在多称"思北路口"。浮屿，顾名思义是"浮在水面的小岛"。在50年前，筼筜湖还是个港湾，南到现在的厦禾路，北到狐尾山、仙岳山脚，筼筜港的海水沿着凤屿、莲坂直抵江头。那时，厦禾路的北面就是宽阔的海面。一百多年前，浮屿是一个与陆地分离的小岛，后因修建寺庙、码头，才和陆地连为一体。

  浮屿一带，厦门人又习惯称为"浮屿角"，是早年厦门最繁忙的水陆联运码头，明末清初已经是对外贸易口岸。20世纪二三十年代建设的开元路、思明北路、厦禾路在浮屿交会，使其成为市区交通的枢纽点。到了20世纪70年代，为了变海为田，厦门开始筑堤围垦，也因此有了"西堤"，即湖滨西路。40多年来，不断的填海造地令厦禾路的北侧也多出湖滨南路和禾祥西路，浮屿也从海岸线一带退到了市区中心。

■ "浮屿"——老厦门人的记忆 （高振碧 摄影）

　　厦禾路、思北路口的源通大厦，曾经是浮屿角上的地标性建筑"开明戏院"。开明戏院1931年开业，主楼高6层，裙楼高4层。戏院有座位668个，与思明戏院（今思明电影院）一样，是厦门电影娱乐界的老字号。现在思北路口的三角绿地原先也有一座建筑物，最早叫"消闲别墅"。这座4层楼高的大厦，是民国时期厦门规模最大的洗浴、茶叙休闲场所。新中国成立以后，此栋大楼先后被改作厦门市图书馆、厦门第二百货公司商场、厦门市少年儿童图书馆。

如今，浮屿角极具厦门特色的骑楼不见了。"消闲别墅"的平面投影变成了一块临时的绿地，密密麻麻的指示牌和越长越高的花草已经遮掩住下面那块刻着"浮屿"二字的石头，它可是老厦门人记忆的化身。

■ 今日的浮屿角已是高楼林立 （高振碧 摄影）

华南城市第一园

□ 文 / 叶亚玲

20世纪20年代，厦门开始大规模的城市改造。1927年，为了进一步提升市民的生活质量，一座公园在市区旁的溪涧农田中开建。公园建设历时4年，耗资100多万银元。为了纪念孙中山先生倡导的"天下为公"精神，公园被冠以"中山"的名字。

■ 1928年3月，中山公园南部建设前原貌 （高山 收藏）

■ 1931年，中山公园露天冰厅、挹翠山馆和运动场 （高山 收藏）

　　中山公园东连蓼花溪、妙释寺，西抱魁星河至草埔尾，北靠溪岸，南沿靖山麓接旧兴泉永道署，东西宽约320米，南北长约650米，面积20.8万平方米。1931年出版的《厦门指南》记载："南部有图书馆、运动场、音乐亭、司令台、钟楼、钓鱼台、水榭、水心亭、琵琶洲、留芳阁、船厅、骑山亭、挹翠山馆……诸胜。中部有喷水池、铜像华表、宛在亭、晓春桥……诸胜。北部有荷庵、彩虹桥、湖心亭、仰文楼、博物院、动物场、陈列所、清佳堂、电影园……诸胜。"值得一提的是在公园西南部崎山之巅，东邻魁星河僻静幽雅之处，建有大型殿阁式图书馆，向市民"灌输文化"。

　　当时，公园规模宏大，设计精巧，布局优美，建筑牢固别致，居东南数省区之首，被誉为"华南第一园"。公园建设时引入魁星河、荷庵河、盐草河、溪沙溪、蓼花溪等天然水系，汇成面积达4万平方米的公园水道湖面，并建有12座桥，与十余处亭、台、阁、榭、碑等建筑相映成趣。

■ 20世纪50年代，厦门中山公园南门 （林耸 收藏）

■ 1998年重建的中山公园"醒狮球" （高山 摄影）

尤其是那座仿杭州西湖玉带桥中开弧式大孔的"晓春桥",因可通游艇,变换游览空间,堪称绝妙。"取雄冠全球之意,地球上醒狮雄立"(见1929年《厦门中山公园计划书》)的"醒狮球",因在全国独一无二,成了公园的标志性雕塑。

可惜,20世纪六七十年代"文革"时期,中山公园南半园包括南大门、醒狮球、晓春桥、水榭、琵琶洲、挹翠山馆等精华建筑全部被毁,魁星河亦被填为平地。

1983年,厦门市人代会通过决议,由厦门市政府修复公园南半园、重建南门。1997年,市政府投入180多万元重建"醒狮球",四只和平鸽托起厦门人心中一个未了的心愿。

■ 1931年,厦门中山公园狮球全景 (高山 收藏)

如今，失去近三分之一面积的厦门中山公园是日益拥挤的城市中一处不可多得的休闲空间。为了年迈的父母，为了幼小的孩子，让我们一起呵护它！

■ 21世纪初，厦门中山公园及其周边俯瞰 （高山 摄影）

■ 20世纪20年代，厦门的露天集市 （高振碧 收藏）

"十大市场"觅乡愁

□ 文/高振碧

1928年开始，厦门市政当局规划在全市建设农贸市场，"均依照斯处居民生活之简繁设计，且以适合卫生为重心，场内经营分类雁序，场道四达贯联，俾市民适于购买"（见1932年版《厦门工商业大观》第三章《市政》）。人们认识到"昔日交易在墟集，今日交易在市场。市场制兴，便管理，保清洁，实现代都市不可缺之场所"。市政建设采用取之于民用之于民的原则，"地点由政府选择，经费由人民投资"（见民国《厦门市志·市场》）。新民书社1931年出版的《厦门指南》记载，当时已有五处市场竣工，其中中华路、美仁宫、厦门港三座市场开市。

■ 20世纪30年代，厦门第一市场 （高振碧 收藏）

据1932年出版的《厦门工商业大观》介绍，鱼仔市市场、青龙宫市场、鹭江道首段市场、惠灵宫市场等，也在当年年底陆续完工交付使用。这些民生工程以落成启用的先后顺序为号命名，号称九大市场。厦门人习惯以"第

■ 20世纪30年代，厦门第二市场 （高振碧 收藏）

■ 20世纪30年代，厦门第三市场 （高振碧 收藏）

■ 第四市场还有一小段遗存 （高振碧 摄影）

一市场"或"一市"称之，后续类推。1933年，"为便利住民及整顿卫生"，负责市政建设的鼓浪屿工部局在龙头路石码巷一带创建"鼓浪屿公共市场"（见1932年《鼓浪屿工部局报告·公共市场》），与厦门岛的九座市场组成了民国时期的厦门十大市场。

　　随着时间的推移，城市格局的变化，这些市场有的已经消逝，有的已经改建，有的仍然散发着活力。它们是嵌入市民心怀中的乡土气息，是远行游子舌尖上的忆旧思念，是厦门文化风情的象征。"市场"深处有父母飘拂的身影，那也是家的延伸！

■ 20世纪40年代，厦门第七市场 （紫日 收藏）

147

■ 第五市场旧址（妙香路进去即是）（高振碧 摄影）

附：民国时期厦门十大市场位置

第一市场：址在古城东路。中山路（旧称中华路）东段南侧，市场已建成商店出租它用，原址已改造成闽台特色食品街。

第二市场：址在公园东路（旧称美仁宫）。简称"二市"，在白鹭洲路与厦禾路、溪岸街交叉处。原址拆建成美仁宫大厦，底层仍为菜市场。

第三市场：址在碧山路（旧称厦门港）。现大生理碧山路边上，原址拆建成工商大厦，底层仍为菜市场。

第四市场：址在开元路（旧称浮屿角）。市场已废，圆通大厦南侧思北与开元路一小段横道，路名门牌依旧是"第四市场"。

第五市场：址在妙香路（旧称蕹菜河）。"大陆商厦"后，市场已废，旧址在妙香路、中岸路一带。

■ 第六市场大楼已是风烛残年 （高振碧 摄影）

第六市场：址在泰山路（旧称水仙宫或鱼仔市）。中山路巴黎春天百货西侧泰山路底里，市场已废，立面墙上有"第六市场"浮雕招牌，是厦门目前保存较完整的民国市场旧址。

第七市场：址在思明东路（旧称青龙宫或关仔内）。思明东路与大同路之间一段南北向横街，市场建筑顶部"第七市场"跨路招牌保存完好，民国风浓郁。

■ 第七市场格调依旧 （高振碧 摄影）

"十大市场"觅乡愁

■ 第八市场是厦门目前交易最红火的市场 （高振碧 摄影）

　　第八市场：址在营平路（旧称鹭江道首段）。是目前厦门市区规模最大、菜量最多、海鲜最全、交易最活跃的菜市场。

　　第九市场：址在定安路（旧称二舍庙或惠灵宫）。原址拆建成"老虎城"商业大楼，市场已废。

■ 第九市场旧址现已建成"老虎城"商厦 （高振碧 摄影）

■ 鼓浪屿市场 （高山 摄影）

鼓浪屿市场：址在龙头路（旧称石码巷）。因建公共市场，相邻道路被命名为市场路，这在厦门街巷地名里属唯一。一大栋楼房建筑底层为市场，楼上则是电影院和娱乐场所。现已改作他用，只有女儿墙上"鼓浪屿市场"五个立体大字依然如故。

筼筜港的变迁

□ 文/张忠勇

筼筜，一种生长在水边，皮薄、节长而竿高的竹子。据说古时因港边到处生长此竹，筼筜港因此而得名。筼筜港究竟有多大？见清乾隆《鹭江志》载："筼筜港，在城之北，长可十五六里，阔四里许，自竹树渡头至江头社，一弯如带。"按今天算法长有七八公里，宽约两公里。民国《厦门市志》记载其"长约五公里许，阔两公里有奇"。可见过了将近150年，筼筜港面积有很大的萎缩。

■ 20世纪初《厦门及周边地图》局部 （高振碧 收藏）

■ 20世纪一二十年代，筼筜港一弯如带，从竹树脚到江头有五六公里长 （高振碧 收藏）

昔日筼筜港上渔人夜间捕鱼，点点渔火有如繁星闪烁，小船于水面上荡漾，渔火若隐若现，甚是壮观。清乾隆诗人黄日纪曾作诗道："筼筜支海集渔家，入夜灯光起小槎。远近星星数不尽，还余几点在芦花。""筼筜渔火"，成为厦门大八景之一。

■ 民国时期，退潮后的筼筜港 （张忠勇 收藏）

筼筜港的变迁

明清时期郑成功将厦门作为抗清复明、收复台湾的军事基地。靠海上贸易起家的郑家军在厦门期间积极发展海外贸易以筹集军饷,而筼筜港作为厦门内港之一,水阔、少浪为水师巨舶的避风提供了很好的条件。当时一部分水师及陆军驻守厦门岛,从筼筜港浮屿角到水仙宫望高石沿岸,码头毗连,肆坊商铺林立,商贩苦力、兵吏家眷组合成这个海滨小城的住民。郑氏部将洪旭亦驻扎于竹树脚一带,今第八菜市场附近尚留有"洪本部"旧地名。

筼筜港原有浮屿、凤屿、虎礁等小岛礁。

筼筜港南岸,有一座小岛,因潮汐变幻,小岛仿佛浮于海面,故名"浮屿"。这一片港湾潮水平波,风浪不兴,是木帆船装卸货物、避风补给的天然良

■ 20 世纪 50 年代筼筜港仍是宽阔的海面 (高振碧 收藏)

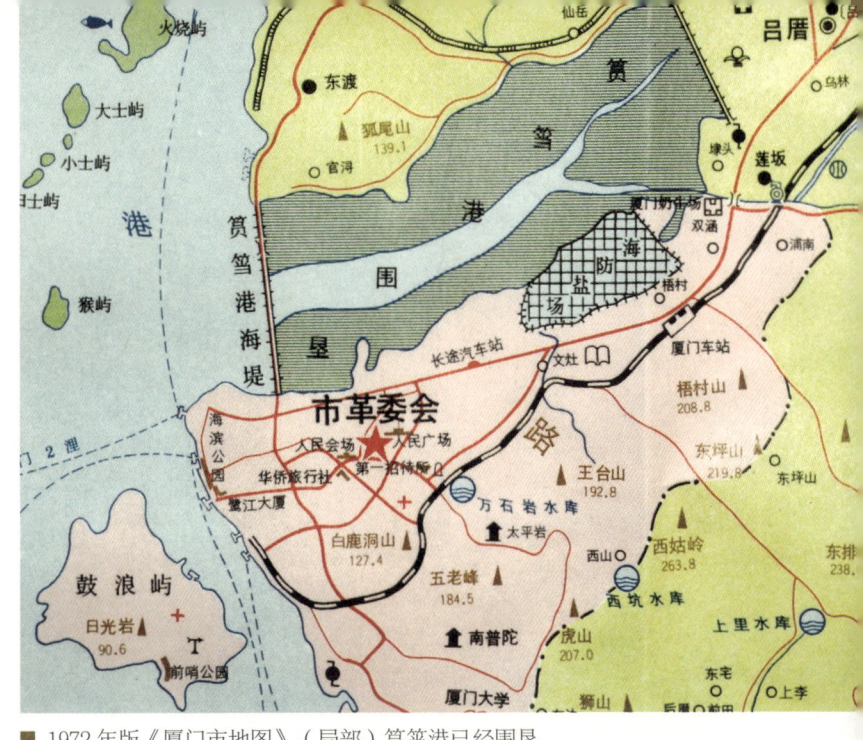

■ 1972年版《厦门市地图》（局部）筼筜港已经围垦

港。加上陆上地势平缓，商民聚集，大小码头成列，白天晚上都可靠泊，"浮屿角"因筼筜港而长兴不衰。民国时期，厦门开辟修筑开元路、厦禾路，小岛和码头之间的水域因相继被填海成陆而消失。"浮屿"却一直作为地名使用着。

20世纪50年代末，为生产食盐人们在筼筜港的凤屿至文灶修筑一条海堤，围成1000多平方米的地带，辟为盐场，兴建卤化厂。"文革"期间，厦门在全国"农业学大寨"的大环境下，按照"备战、备荒"的要求填筑筼筜港口、围海造田。1971年，筼筜西堤建成，筼筜港从此成了筼筜湖。据说在填筑筼筜港时，所需土石方大多从文灶、金榜山一带和厦门港不间断挖取。20世纪七八十年代，厦门有20多家

筼筜港的变迁 | 155

■ 2011年10月，筼筜湖白鹭洲及沿岸建筑 （高振碧 摄影）

的生产企业包括工厂集中在厦禾路滨海一带，其中有造船厂、工程机械厂、锻压机床厂、机修厂、五金厂、家具厂、木材加工厂等。

随着厦门城市的发展，一栋栋高楼在筼筜湖周边拔地而起，曾经宽广的筼筜港现仅留下了 2.2 平方公里的水面。湖区周边已成为厦门市的政治、金融、文化中心，并诞生了一个充满诗意的名字——"白鹭洲"。

筼筜港的变迁

集美海滨访故垒

□ 文/高振碧

这里是同安浔江入海的尾部,因而被称为"浔尾"。在明万历年间(1573—1620)《泉州府志》中的《同安县图》上,这里标注的是"浔尾村"地名,后来慢慢雅化成"集美"。

据《闽海纪要》载,明末清初,民族英雄郑成功据金、厦抗清复明,谋划收复台湾。明永历十三年(1659年)七月,郑成功命部将刘国轩固守地势险要的浔尾海滨,建寨屯兵,操练水师,与高崎寨互为犄角,扼控厦门岛北部海面。永历十四年(1660年)五月,曾大败清军于浔江海面。史称此为"浔尾寨",后人也称这为"集美寨",这一带曾留有"寨仔内"的地名。

■ 20世纪一二十年代,厦门集美海滩 (高山 收藏)

■ 1949年12月,陈嘉庚先生等人考察被日军炮毁的"延平故垒"遗址 (高山 提供)

■ "延平故垒"刻写着民族的精神 (高山 摄影)

当年,陈嘉庚先生选择"寨内社"海滨高地作为集美小学校址,是有深远考量的:"今城圮而南门完好如故,颇足表示我汉族独立之精神,敬保存之,以示后生纪念。"(见陈嘉庚1921年12月撰《集美小学碑记》)1922年9月,陈嘉庚面对荆棘丛生、乱石漫坡的

集美海滨访故垒

■ 集美寨曾是郑成功抗清复明的重要城寨 （高山 摄影）

浔尾海滩临风发力，建成一座3层28间教室的男生小学部校舍，以郑成功"延平王"的封号，命名为"延平楼"，并嘱人在寨门后的巨石上镌刻"延平故垒"四字。

1938年5月22日，占据厦门岛的日军，企图在文化上灭绝我们，炮口隔海对准这座毫无防卫能力的学校，延平楼和延平故垒大部分毁于侵略者的野蛮炮火。直到1953年，陈嘉庚先生才得以重建延平楼，修复残存的延平故垒。一个民族不屈的精神，就刻写在坚硬的石头上。

延平故垒今仅遗存南面石构寨门及两翼小段寨墙。寨门高3.08米、宽1.68米，厚0.65米，寨墙残长1.04米，高3.5米，厚1.6米。石寨后西侧有一棵古榕树，经数百年硝烟风云，仍然枝叶茂密，前面覆盖寨门探身海边，

■ 集美寨郑家军遗物 （高山 摄影）

后面树梢轻拂延平楼，形成现代学村与故垒、古炮、题刻、苍榕点缀其中的历史人文景观。

沧桑古寨，故垒尚存，和平学村，书声琅琅。如今，这里已成人声鼎沸的旅游胜地。

■ 集美寨旁诞生了著名的集美学村 （高山 摄影）

火车站的嬗变

□ 文/高振碧、紫日

1957年1月1日,厦门火车站成立,"地处厦门市梧村路段,当时为三等客货综合站,仅有简易木棚式站房,占地面积800平方米(其中候车室400平方米),主要办理客运、行包和货运等业务"(见2004年版《厦门市志》第一册《第三章·铁路》)。那时,这里是鹰厦铁路的终点,中国铁路大动脉的末梢。火车站东依梧村山,西临筼筜湖,南面金榜山,北接莲坂。周边还是大片的农田,站在火车站建筑的高处,梧村的田园风光可尽收眼底。

■ 20 世纪 50 年代,厦门火车站站房 (紫日 收藏)

■ 1956年，厦门火车站未完全竣工时的站房，中部为售票厅，两侧为候车厅，远处可见金榜山（王可昌 收藏）

1957年4月21日，"鹰厦铁路"正式通车，厦门人终于能够在家门口搭上火车，这在当时是惊天动地的大事。不少市民会花上几毛钱，从厦门站搭乘火车到集美郊游，过一把火车瘾。

■ 1957年元旦，刚落成的厦门火车站，铁路职工与第一趟客运机车合影留念（王可昌 收藏）

火车站的嬗变

■ 20世纪60年代，首次扩建后的厦门火车站站房和站前广场。右侧是售票厅、行李房，左侧中间是候车厅，旁是简陋的贵宾室 （王可昌 收藏）

■ 鹰厦铁路贯通初期，火车穿越高集海堤 （高山 收藏）

■ 20 世纪 80 年代初，改扩建后的厦门火车站 （紫日 收藏）

20 世纪 80 年代，"为适应国民经济、外贸和旅游事业发展的需要"扩建站房，总面积 8500 多平方米，主体建筑 3 层（局部 4 层），其中"有两个可同时容纳 1500 名旅客的候车厅，400 平方米的售票大厅和 600 平方米的行包（房），以及贵宾候车室和母子候车室"（见《厦门市地名录·人工建筑》）。1983 年 5 月 1 日，新站房正式启用，正立面采用突柱大玻璃窗，算是沾上了一点时代印记。广场上遍种榕树、棕榈树、凤凰木等亚热带树种，厦门人所洋溢着的南国热情，一年四季在这里迎风摇曳。

■ 2015年,改造后的厦门火车站南站楼及广场 (高振碧 摄影)

1993年12月,厦门铁路沿线实现电气化运行。1999年9月10日,厦门火车站跃升为客运一等站,昔日海防前线的边陲小站,用42年的拼搏实现了胸怀已久的梦想。厦门火车站从一个嗷嗷待哺的婴儿,成长为活力四射的青年,正在承担起海峡西岸中心城市"铁老大"的角色。

■ 流线型造型设计灵感来自临风展翅的白鹭 (高振碧 摄影)

2014年3月1日,进入动车时代的厦门火车站,又拉开新一轮改扩建的帷幕。两万多平方米的站房,最高聚集人数可达每小时4000人。实现从单一候车厅到主站房和南、北广场组成的"立体式"格局的嬗变。

历史仍在书写,厦门火车站新落成的主站房外形犹如白鹭展翅,它预示着厦门已经登上时代的高速列车。半个世纪过去,厦门火车站所在地的梧村及其周边农村,早已变成现代化居民社区和商贸交通的繁华之地。厦门火车站的变迁见证了厦门城市的发展,围绕着它的故事也深深地印在每一个老厦门人的心中。

■ 2015年,华灯初上的厦门火车站 （紫日 摄影）

湖里，一夜走红的山乡

□ 文 / 范世高

湖里是厦门经济特区的发祥地，它的地名源于"湖里"自然村。

湖里还有一个历史更为久远的名称叫"竹坑湖"。传说很早以前，湖里自然村海滨的地势坑洼，经久积水成湖，沿岸水竹丛生，故称"竹坑湖"。湖里村位于古竹坑湖的内侧，故名"湖里"。

■ 1960 年绘制、1970 年印制的《厦门市地图》所标"湖里社"（张忠勇 收藏）

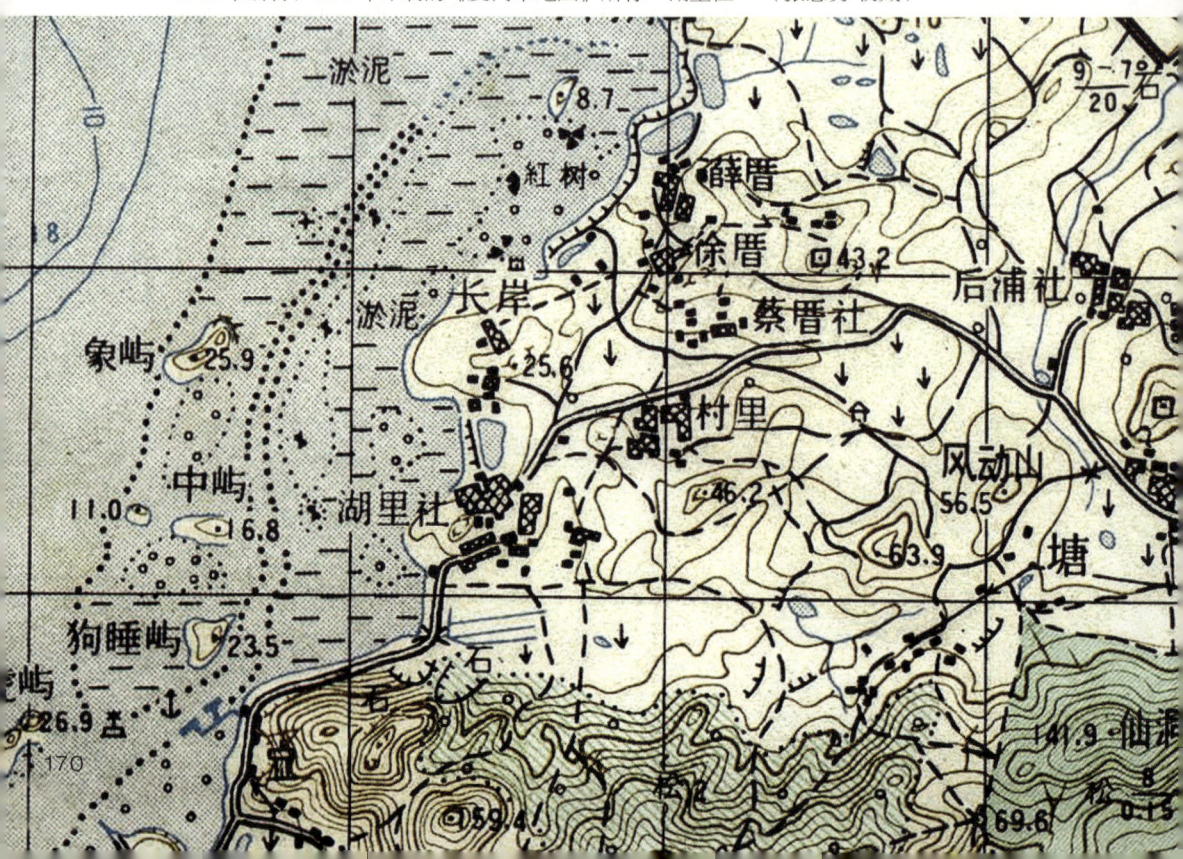

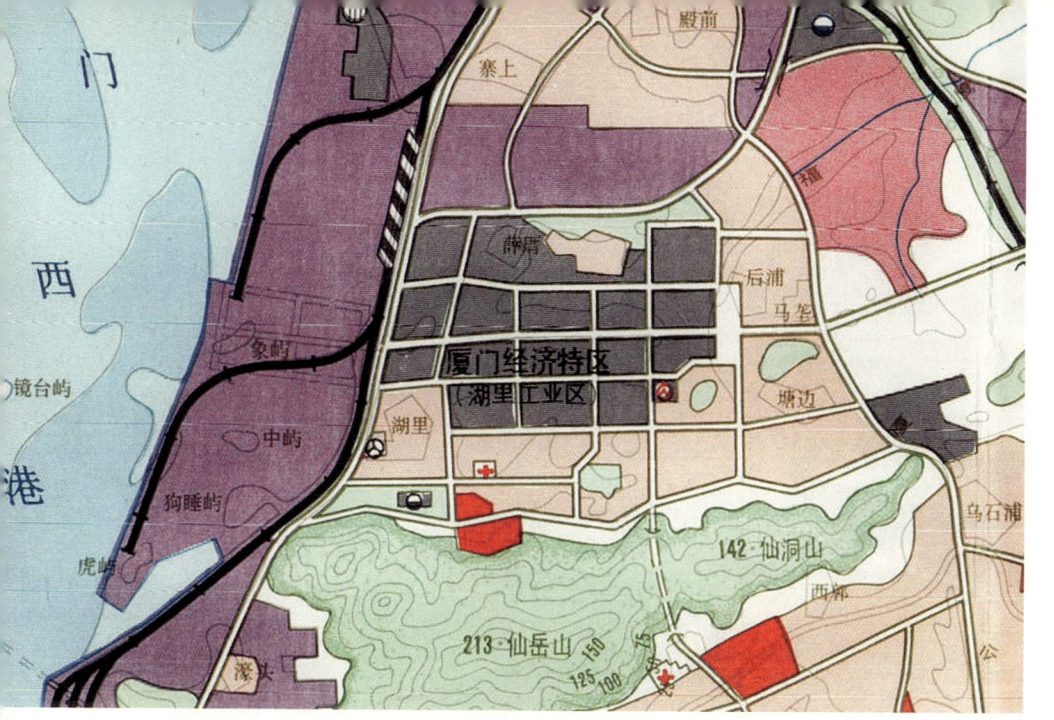

■ 1982年《厦门市本岛市区总体规划图》"厦门经济特区"部分

历史上，在很长一段时间内，湖里是厦门几乎没有名分的郊区农村。直到民国二十四年（1935年）才成立禾山特种区，为湖里建制之始，俗称"山场"。1958年，这里是厦门市郊区的一部分，名为前线公社。1980年10月，前线公社更名为禾山公社（1984年改为禾山乡，1989年改为禾山镇）。

1980年5月16日，中共中央、国务院决定，在厦门市划出一定范围的区域试办经济特区。同年10月7日，国务院正式批转福建省政府《关于厦门经济特区选址的报告》，同意在厦门岛西北部的湖里村划出2.5平方公里的土地，设置厦门经济特区。1981年10月15日，厦门经济特区湖里加工区第一期工程破土动工，标志着厦门经济特区建设拉开序幕。

■ 1981年，建设中的厦门湖里出口加工区 （厦门经济特区纪念馆 藏图）

　　1982年元月，印尼华侨陈应登先生投资在湖里工业区兴建第一家外商独资企业"厦门印华地砖厂有限公司"。1983年9月25日，厦门华侨电子有限公司在湖里成立，是为厦门第一家大型中外合资企业。湖里在一波又一波翻天覆地的建设高潮中成为厦门工业中心。

　　1984年2月7日至10日，改革开放的总设计师邓小平同志视察厦门经济。2月9日上午在湖里亲笔写下"把经济特区办得更快些更好些"的题词。1985年6月厦门经济特区的范围扩大到包括鼓浪屿在内的厦门全岛。

　　1987年7月，国务院（87）104号文批复撤销厦门市郊区和湖里工业管理局，在厦门岛北部增设湖里区。1987年11月湖里区正式挂牌成立。随着东渡港区、高崎国际机场的规模进一步扩大，湖里外向型综合立体运输体系得到提升，湖里区逐步发展成为厦门综合实力最强的区之一。

■ 1984年2月9日，邓小平为厦门经济特区题词

湖里，一夜走红的山乡

随着厦门城市、产业的转型，湖里老工业区实施"退二进三、腾龙换凤"战略，华美空间文创园、海峡文创园等充满文化创意气息的新园区从昔日的老厂房脱胎而来，湖里正迎来发展的又一个春天！

■ 20世纪90年代，厦门经济特区湖里工业区 （高振碧 摄影）

后 记

2015年10月1日，"厦门记忆"系列历史影像专题展在厦门市中心白鹭洲公园摄影广场展出，图文并茂的展览形态、记得住乡愁的策划诉求，观众第一次获得了全新的人文认知感受。社会各界对展览的关注度远超预期，不同文化背景、不分地域籍贯、也不论男女老少，都普遍点赞亮灯。其中，呼声最高的就是期待策展方能将其编辑成书。

因为是民间社团公益办展，从文案策划、选题征集、制作布展到值守讲解，已经一波三折费尽牛劲，出书更是一个美丽的梦想。不过只要执着和心诚，民意驱使下的机遇随时会出现。

"厦门记忆"已经成为我们这座城市的一个文化品牌，所以将其作为书名沿用，并希冀得到读者认同，成为大家书橱里耀眼的藏品。本书内容由"厦门记忆"展览延伸而来，但书稿绝不是展览的简单复制。较之展馆局促的展示空间，书稿中文字描述和影像篇幅、信息含量和文化品位都有较大的拓展和提升，因编书才增补的许多老照片、老地图是首度公开的珍品，使这本书平添了收藏价值。

这是又一次时空的穿越，和五年前成群结队田野调查不同，这回是厦门市历史影像研究会诸位同好操刀提笔，借众人思绪尽其所能，破解历史影像的密码，编织厦门的集体记忆，书写鲜为人知或知之不甚的港城乡愁。这是一次积沙成塔的尝试，选编的33个专题（展厅里展示的是30个），是33个娓娓道来的人文故事。是33个有图有真相的历史考证。它们各自成章，又都紧扣"厦门记忆"这个主题，代表了当下厦门市历史影像研究会同好们的收藏和研究水平。

需要特别说明的是书中历史影像的英文注解，因年代的不同出现Kulangsoo、Kulangso、Kulangsu的差异，均指鼓浪屿。近年，鼓浪屿申报世界文化遗产正在进行中，文本统一把鼓浪屿翻译成Kulangsu。另外，书中部分历史影像源自百年前的明信片，由于受早期印刷技术和纸质等因素影响，影像品质有些粗陋，特此说明。

《厦门记忆》成书之前，要感谢参与撰写文稿和慷慨提供影像藏品的朋友，由于大家的努力才有眼前的这份成果。要感谢厦门市政协领导始终不渝的关心培植，有效地鼓励了这群历史影像收藏、研究爱好者的热情。要感谢厦门市人民政府地方志办公室的倾力支持和悉心指导，使一场梦想变成现实，并产生了可喜的社会效益。要感谢厦门白鹭洲建设开发公司提供了展览场地，让"厦门记忆"系列历史影像专题展得以和市民见面。

《厦门记忆》成书，机遇之外更有缘分。展览伊始，重视地方人文历史图书出版的鹭江出版社副总编辑余丽珍女士即多次到展厅深入调研、商定出版事宜，观展的人气和出版的热情旋即催生出这本一定会热销的书，感谢鹭江出版社慧眼识珠圆了大家的梦！

厦门市历史影像研究会会长 高振碧
2015.11.1 于厦门禾祥西拾荒斋

图书在版编目（CIP）数据

厦门记忆： 一本让你记住乡愁的书/厦门市历史影像研究会编．—厦门：鹭江出版社，2016.1（2018.7重印）
ISBN 978-7-5459-1044-5

Ⅰ.①厦…　Ⅱ.①厦…　Ⅲ.①厦门市—地方史—史料　Ⅳ.①K295.73

中国版本图书馆CIP数据核字（2015）第271813号

XIAMEN JIYI
厦门记忆
——一本让你记住乡愁的书
厦门市历史影像研究会　编

出版发行	鹭江出版社		
地　　址	厦门市湖明路22号	邮政编码	361004
印　　刷	福建彩色印刷有限公司		
地　　址	福州市福新中路66号	邮政编码	350011
开　　本	700mm×1000mm　1/16		
插　　页	2		
印　　张	11.75		
字　　数	100千字		
版　　次	2016年1月第1版　2018年7月第4次印刷		
书　　号	ISBN 978-7-5459-1044-5		
定　　价	49.80元		

版权所有，侵权必究
如发现印装质量问题，请寄承印厂调换。